U0114497

牟宗三　主講

蔡仁厚　輯錄

人文講習錄

臺灣學生書局印行

編印說明

1.人文友會

牟師宗三先生，自民國三十八年夏秋之間渡海來台，次年起任教台灣師範學院（台灣師大前身）。校中社團有「人文學社」，設有人文講座，經常講習國學、史學與文化思想，青年學子多所興發。唯學校社團不免有所侷限，而社團之活動亦很難免於浮泛。先生有感於此，乃另行發起「人文友會」，本乎開放獨立之精神，採取師友聚會之方式，進行課外之講學。

人文友會，彼此是師友關係。師友是一倫，師友之關係是人格與人格相接之關係。故彼此要處得親切，要相知，要常見面問學。人不可「孤學寡友」，必須「親師取友」，以期道義相勉，學問相益。如此，乃能敦品勵學，陶鑄人才。

2.聚會講習

人文友會於民國四十三年八月十四日，首次聚會於東坡山莊先生寓所。第二次起，改借師大教室聚會。聚會之期，兩週一次，固定在週末晚上舉行。聚會之人，無分校內校外，自由參加。凡有志趣者，皆敞開心懷，以禮相見。如此，則學校與社會相通為一矣。

友會之聚會講習，既不同於學校上課，也不同於公開演講，而是藉聚會以提撕精神，激發

志趣，凝聚心志。由師友之團聚，進而擴大友道精神；由友道精神之擴大，而通接文化生命，持載歷史文化。

3. 會友名錄

在台北兩整年之聚會，共計五十一次，從無間斷。講習之內容，或談問題，或講文獻，相間而行。如此，既有開放發揚，亦有收斂落實，又有自由之討論。兩年之間，先後參加聚會講習者，約有百十之數。茲依各次講習之登錄，列名於此，以為紀念：（唯資料有缺，難能詳盡，尚祈諒之。）

吳自甦	司修武	戴璉璋	錢倫賓	王美奐
陳問梅	陸寶千	鄧元忠	周文傑	朱維煥
呂漢奎	王道榮	王瓊珊	周群	李懿宗
勞思光	宋邦泉	吳平	李中秋	唐亦男
王淮	郭大春	丁記涵	張學波	馬光宇
曾維垣	姜毅	王執文	蕭孟威	袁英華
呂實強	張飛雲	李定儒	李英懷	張國緤
謝文孫	曾厚成	賀玉琴	陳癸淼	胡連成
朱治平	戴華輝	韓誠生	王啟宗	范添盛

朱守亮　張德文　曹宏文　韋政通　張　遷
姜承謙　余標煌　楊爲顥　高蓮雲　朱志芳
魏若松　吳　本　郭有遹　陳修武　彭　毅
明珏東　倪通儒　紀秋郎　丁崇貞　鄔　達
吳　琠　蒙傳銘　張兆敏　周濟南　白新田
劉國瑞　董立民　黃紹徽　張牡丹　姜純蝦
梁尚勇　張峻峯　陳永強　逢濟民　逢塵瑩
牟衍經　李秀斌　王積青　楊旭初　牟其霖
蔡仁厚　林清臣

4. 講詞記錄與發表

友會之聚會，皆有記錄。經先生審閱修正後，即用臘紙刻鋼版（如今三四十歲以下之人，恐已不知刻鋼版之事矣），再油印分送會友，同時發表於香港「人生雜誌」。其稿費，即留作友會聚會與印發講錄之用。

五十一次之聚會，記錄成稿者有三十六次（另十五次係講文獻，無記錄），某次自由討論之記稿遺失，故現存講錄實為三十五篇。其中已發表於「人生雜誌」者二十七篇，已油印而未發表者一篇，經先生過目修正之講詞五篇。最後兩次之記稿，先生亦已過目而未作修改。（其

中第五十次聚會，約唐君毅先生主講。唐先生逝世時，仁厚特整理此稿，發表於鵝湖月刊。）

先後擔任記錄者，第一年為王美奐、陳問梅、王淮；第二年則由蔡仁厚負責。而周文傑全

程刻寫鋼版，其勤事任勞，有足多者。

5. 講習錄之編輯出版

人文講習錄，原先本有輯印成書之議，後以先生所著各書陸續而出，回視當初所講，不免有

簡略欠周之感，故此錄出版之議遂寢。而今先生竟歸道山矣。師恩浩蕩，高厚無極。回憶當年

師友聚會講習之精誠，可謂難能可貴，世所少有。同門友撫今思昔，以為不可不留跡以傳諸

後，乃督命整理書稿，早付出版。

近日檢視講錄存稿，回想當年友會聚會之樂，與諸友向學之誠，悠悠歲月，感懷不已！唯

念師友道義，千秋永命；人文精神，萬古維揚。是則常在於心而可告諸世者。

中華民國八十四年八月十四日，人文友會首次聚會四十一周年之辰

蔡仁厚　謹識於東海大學哲學研究所

人文講習錄　目　次

牟宗三主講
蔡仁厚輯錄

附

記：上列目錄⑴至�51，乃人文友會聚會講習之會次。會次下之一至三五，則爲現編講

習錄之目次。又，各篇講錄之標題，皆師尊生前所訂改。與當年在「人生雜誌」

發表之標題，有同有異。特此說明。

一、友會之基本精神與願望

㈠今天是人文友會第一次聚會。以後每兩週一次，有一定期之聚會。每人須有一定期研究工作，或讀有關書籍，及做心得報告與討論。我們這個會帶有一種轉移風氣的使命。各位畢業後，總要在學術上有一種理路，獲得一點成就，不能只是說空話喊口號。每人總要有一題目，作為研究對象，藉以凝聚自己之心志。如對思想有興趣，可專心致志讀一部書，或專門看幾個人的，最好是一個個的看，如諸子方面之荀子、老子、莊子等，先寫筆記，再逐漸寫成有系統的文章。至於歷史方面，可多讀些解釋歷史的書，以及討論文化問題的書。如黑格爾、斯賓格勒等之著作，實可仔細一讀。在邏輯方面，也可以自修，訓練自己之思想理路。我們這種分頭研究，實在是將來分工合作的預備，先行著手，三年有小成，五年有大成，切忌散漫。我們做學問，既不可略觀大意，亦不可不求甚解。做學問是在述作中期有貢獻於學術文化，而不只是主觀的受用。我總希望每一位將來在學術上有一地位，共同表現一基本態度與立場。要成一個基本態度基本立場，是不容易的，如胡適曾說馮友蘭的哲學史，其觀點比較正統，那麼他自己的觀點必是非正統的。真正講來，立場沒有很多的。道二，仁與不仁而已。馮氏的正統，究竟是時代程度也難說。胡氏的非正統，究竟為什麼不對，我們也應當徹底了解。其實這些，只是時代流逝中不成熟的動態。我們現在是針對魔的立場，而徹底透出正統的立場，以結束三、四十年來流場——魔的立場。我們現在只共黨可算是一立

逝中那些不成熟的動態。

(二)我們發起這個人文友會，已談過幾次，今天在座的，有許多還未簽名發起，我現在接著上面所說的基本立場，再進一步說一說：

我們這個友會，可以說是一種文化運動。我們這三、四十年來，總是向外向下，由浪漫的否定來表現正義與理想。不獨青年為然，即一般知識份子皆然。此種浪漫性的否定，一定是虛無主義，共產黨即由此而來。我們現在要轉移過來而改為向內向上，從正面表現正義與理想，表現其熱忱，或說是浪漫性。那麼，中國才有辦法，中國才可建立起來。聰明的人常說，你們不要講孔子、講中國文化。因為凡講孔子講中國文化的，都是腐敗不乾淨的人，不能不有點忌諱。知識份子既趨新，不敢講孔子，中國文化，那麼孔祥熙、何鍵出來講。因為討厭這些人，所以，你講我偏反對。這種把孔子、中國文化和他們合一的態度，實在是狠慢的反動。試想藉這種狠慢的反動來表現正義與理想，能不流於虛無主義嗎？這裡並沒有正義與理想，只有一種「憤」，所以是純否定的。我與諸位聚會講習，主要的用心，就是要扭轉這種習氣。我們由向內向上開啟純理想性，自然就接上了孔子的生命與智慧，也自然就了解了中國文化的生命與智慧。這裡是基本原理基本立場的所在。所以由內向上從正面開啟我們的理想性，才能有正義與理想的表現。孔子與中國文化不是外在的古董，乃是生命與智慧。只要你用真實生命和他相接，你便接上了智慧之路，我們這人文友會，還有一大願望，即關心我們這一民族國家的立國之本。我們主張使儒家成為人文教，並主張於未來成立人文教會以護持

國脈。我們的主要工作，即在「人文友會大綱」第三章的三統。至何時可以成為教會，現在只是願望，並不能確定。

討　論：

(一)司修武問：現在要將儒家學術與宗教連在一起，有很多難了解，應注意如何從儒家教義中啟發出宗教意識來？

先生曰：宗教意識，本是一種向上的自我超越的意識，亦即是超越的精神，我們不能以平面的庸俗的態度去了解，此種了解，即是理智主義。須知膜拜時之虔誠，即是超越的，即是在其精神上有一種開闊。從義理方面講，在耶教有一上帝為崇拜之對象，我們的天道，是否可以有如上帝之無上權威成為祈禱的對象呢？須知我們這人文教與耶教不同，在耶教，通上帝，通過耶穌，故基督教之上帝，成為宗教上之上帝，關鍵唯在耶穌之上十字架，其宗教之成立亦在此。亞里士多德之上帝，乃"Pure thought"，通過耶穌後，則成為"Pure Spirit"，而使上帝人格化，故成為宗教。在中國，天道一定要通過孔子，故孔子為教主。但只能稱為人文教，而與耶教不同。照儒教義理言，應天地並立，不獨上達天德，還要下開地德。此點更加豐富。耶教僅能上達天德，不能下開地德。只能信上帝與耶穌。我們要祭天、祭祖，並祭聖賢。耶教只集中在耶穌一身，即只通過耶穌一項目，而中國則

有三項目使天道成為宗教的。儒家以此三者，成為一個豐富的體系。下開地德，即在開出人文世界。祭祖與聖賢人格是人中事，不是崇拜偶像。我們祭祖是將民族生命與宇宙生命合一，而祭聖賢，則表示民族生命與宇宙生命一是皆為精神生命。此即是上通天道之媒介。此是以一系統來證實天道為宗教的。耶教只是復返至一而止（即只是一上帝），不能開出人文世界，不能肯定人文世界。（耶穌傳教時，有人告訴他：「你的母親來了！」耶穌說：「誰是我的父親？誰是我的母親？」凡是信上帝所說的話的，才是我的父親，才是我的母親。）我們從教主講，稱「孔教」；從內容講，稱「人文教」。不過要成宗教，必須靠三祭——即祭天、祭祖、祭聖賢。這須靠國家來維持，社會上必須有教會來持載。過去靠皇帝，現在要靠社團。如要此一理想成為客觀化，須通過憲法，此為吾人奮鬥之目標。我們必須從文化運動上開出這一理想。我們如果單講民主政治，不通文化生命，則國家建立不起來。若只有政治上的民主，而沒有生活上的軌道，則國本不立。如不寫中國文字，雖不違反民主政治，但我們可說這就不應做中國大總統。現在什麼都不在乎，衝破一切，大氾濫。只是一種墮落。站不起來，只是一堆物質。所謂興於詩，立於禮，成於樂。一點矩矱體統都沒有，這不表示氣魄，這表示墮落。絕對的個人主義，反過來即布爾雪維克之極權，即是虛無主義。所以，起碼的形式不能完全衝破。（胡適說：「守孝可以戴銀框眼鏡，為何不可以戴金框？」這即是衝破一切。）這種民主以上之國本，非有宗教來維持不可。

又問：民主政治出自工商社會。只是競選，在我們格格不入，是否成為一個問題？

先生曰：此是一問題，中國社會無階級，無集團，而是一般散沙，而過去的君主專制那一形態，我們在運用上可以不一樣，但民主政治之基本精神卻可存在。過去，我們已不能停在那一形態，關此我們以後再講。

王美奐提議：本人認為人文教之成為宗教，須注意四點：1.強調上達天德之重要，並開出上達之路。2.注重實踐。3.須有組織形態。4.須有簡單形式。

唐君毅先生覆牟宗三先生書

宗三兄：

八月十三日示敬悉。人文友會草案中義，弟自無不贊同。弟近半年來，亦常常思及，只是作文將道理當話講之不足。哲學如只是論，終是「是亦一無窮，非亦一無窮」。人之性命，終無交代處。西方在此有宗教。西人自幼習之。中國昔有儒教，今則無有。故人入基督教者日多。除哲學家外，皆只存信之而不必論之。基督教義固有所偏，而其風習亦多與中國文化不合。而中國人信者尤罕能盡其誠。弟因覺今日講學不能只有儒家哲學，且須有儒教。哲學非人人所能，西方哲學尤易使人往而不返。而儒教則可直接人之日常生活。而今欲成就其為教，必須由在儒為教處，確有宗教之性質與功能，故曾安頓華族之生命，由知成信，由信顯行，聚多人之共行，以成一社會中之客觀存在——如社團或友會。（友會之名較好。）此客觀存在，據弟所思，尚須有與人民日常生活發生關係之若干事業。此蓋

凡宗教皆有之。唯有此事業，而後教之精神，乃可得民族生命之滋養，而不致只成爲孤懸之學術團體。此諸事業，即屬於儒家所謂禮樂者。禮樂乃直接潤澤成就人之自然生命。人之自然生命之生與婚姻及死，皆在禮樂中，即使人之生命不致漂泊成無依。胡適談儒者以相禮爲樂，亦未必不可說。今之基督教徒，在社會存在之基礎，即主婚禮與葬禮。佛教只能追薦，不能主婚禮。儒家之禮，則兼重生日誕辰與冠禮，及葬後之祭禮。此是對人之自然生命自始至終，與以一虔敬的護持，而成就其禮樂之任務。弟以爲此即爲儒教徒之一社會事業。此外則養老恤孤，救貧賑災，亦爲儒者過去在社會所倡導，而力行之一事，今皆入佛教徒與基督教徒或政府之手，亦當爲今後儒教徒之一事。此諸事皆不只是學術理論，亦非屬狹義之政治，而爲流行遍及於社會人民生活之最現實的方面者，故可盡徹上徹下通無形與有形而極高明以道中庸之道。唯禮樂之訂定，非義精不能爲。且不能無所因襲，亦不能過於當世詭異，以動世人之疑。弟爲此徬徨而不知所決。弟日前唯思及民間家中天地君親師之神位之君字，或改爲聖字或人字。不知台灣尚存否？弟嘗思首先保存此二者下手。天地君親師之神位，及孔子廟二者。不知台灣尚存否？弟嘗思首先保存此二者下手。天地君親師之神位之君字，或改爲聖字或人字。如何「治之於視聽之中而極之乎形聲之外」。此真是化民成俗之大何，則茫然不知所答。如何「治之於視聽之中而極之乎形聲之外」。唯其他之禮器與樂章如學問，尚非一般之外王之教所能攝，弟想將來吾人亦須向此用心，唯此皆與今日知識份子所用心之處，相距太遠。仍必須先由義理之當然處，一一開出思路。因而先引起人之問題，拓展人之心量之哲學工作，必須先行。冀由廣泛的思功，逐漸逼歸定向之行事。故兄函所謂凝聚成教會之義，仍只能先存之於心。人文友會事，仍只能以講義理爲重，而不宜

流於形式，以免先造成阻隔。唯志同而全無形式，則精神亦將散漫。故人文友會在台先成立，亦甚善。弟自當列名參加。唯弟在此間，仍當從事較廣泛性之思想上啟發之事。凡屬凝定貞固之事，弟皆不如兄。但在隨機誘導與潛移默化之事上，則與弟之性質更相宜。要之，此二者仍相異相成者。以時運考之，終吾人之一生，此志業將在困頓中，而無由遂。然人心不死，此理長存。大道之行，終將有日。在客觀條件之備足上，弟亦常有許多想法。耶穌釋迦，皆先及於無知識之人，孔子之弟子皆以德性勝。吾人則先與有知識者相接觸，而所遇之環境，亦是知識份子之環境。凡知識皆曲，必須由曲導曲，以成直。此是大難處。然亦終無法避去也。匆此，敬候大安

弟君毅上 八月十四日

二、反魔道與灰色

(一)今天是第二次聚會。唐君毅先生為了我們這人文友會寄來一封信，附錄在上次記錄後面，大家可以用心的看一看。以後的聚會，關於教會方面，暫且不講。今天並沒有固定的題目，將來或者定出題目來講。每次所講的，並不一定要多，但是總希望在大家的生活方面精神方面，有一種提撕，有一次警惕，或者把讀書時所發見的問題提出來討論討論，以求進步。

(二)我們這友會中的同學，以國文系的居多。在這裡我說一點意思。就是：我希望大家把國文系的習氣脫掉。數十年來，學問分門別類，以致經史子集在今天的國文系裡都不能講。經子義理歸諸哲學系，歷史歸諸史學系。集代表詞章，而真有文學天才的不能安於國文系作教授。現在我希望國文系的傳統，只剩了小學，所謂詞章，也只剩了秘書的詞章，學問簡直不能說。至於歷史哲學系，也是這樣。歷史系如只是考據，說不上了解歷史。哲學系的人，都有點小聰明，慣作理智的遊戲，他們對於天地間的事情，沒有一件能看得起，只是玩世不恭，故數十年來，哲學系裡亦出不了真正的思想家。因為他們缺乏文化意識，不肯向安身立命的學問上走，多只是乾枯的理智主義，虛無主義。古人講學，都重世道人心，最注意的，第一是做人，第二是以天下為己任，關心世風學風，關心世道人心，而今之哲學，只變成淺薄的遊戲的理智主義，所以在人生的根底上，都是黯淡的灰色

·8·

的。因為他們不能樹立起價值觀念，也不願接觸價值問題。故在此風氣下，欲望哲學系的人，對時代有擔當，亦不可能的。我這幾年來，還認為國文系的同學比較哲學系的好些，比較歷史系也好些，因為文化意識較強，比較容易喚起，哲學系為理智的遊戲所閉死，歷史系被考據塞住。我現在和諸位談這問題，是要諸位先在文化意識上先求一開發，然後才可與真正義理之學，甚至西方哲學連接起來。過去國文系在北大時代，一度興盛，但是，那是因為白話文運動的緣故。今後的國文系要另創一格，不是文字的白話文運動，而是要對這個時代有所擔當。但也不是拍拍胸膛參加政治舞台的活動。而是要對中西文化兩大主流，加以疏導。我們在作這步工作時，先有幾點必須把得緊，第一要反唯物論：第二要反理智主義（含虛無主義），第三要反科學一層論，這幾十年來青年們表現理想，都是從浪漫的否定來表現，都是反動，我們以後要轉成正面。如此，大家以後才會有所警覺，有所鑑別，也可有一立場出來，大家在這裡切實反省一下，則有很多好處。我們這裡聚會，不重形式，我今天只提出這點來，這因為我要與大家處得最親切，所以所講的都是最迫切的話。現在大家可提出問題來討論。

(三)我們現在聚會講習，唯一與現實有牽連的，即是針對共黨的魔道，與自由世界之灰色。這是時代精神的墮落。我們只是對這墮落的末世的時風而講話，除此以外，其他瑣碎的現實，我們概不必問。因為價值標準倒塌之時，瑣碎的現實是無法討論的。亦不值得討論。我們若從瑣碎的現實去講理，則秀才遇到兵，有理說不清。現在要先從純觀念（Pureidea）上來了解。

先問（2＋2＝4）對不對：先問「同一律」、「排中律」、「矛盾律」，對不對，先問孔子說

的話對不對：其餘的都可暫時不管，即是把現實上的牽連完全去掉。先從理上立腳，不從事上立腳。凡是具體的事實都很複雜。從各個角度去看，都可說出一套。過去有聖教為準繩，現在則不然，現在沒有孔子，沒有聖人，所以現在要從灰色的與魔道的當中跳出來，乃是一種大奮鬥，即是一面反共產黨，一面反現實的壞習氣。亦即由否定之否定，而轉肯定，向高級的形態走，即歸於正。我所謂儒家學術的第三期，這是必經的途徑，是中西文化非走不可的途徑，遲早必定到來。停在共產黨的是反動的，停在現實的灰色的階段上是墮落的。以上所講的魔道與灰色，這兩條流，現成的擺在眼前，很易看出，這兩條流都不對，都要反，使歸於正。

討　論：

（一）勞思光先生建議：以後之講詞，請從根源上作系統的講，同學們較易了解。

（二）吳自甦建議：最好以後能作綜合的有系統的講，我很贊成勞先生的意見。

（三）王美奐問：唐先生謂：凡知識皆曲，必須由曲導曲，以成直，如此說來，知識愈多，求道反而愈難了。知識與道的關係，在今天學人的觀念中，恐難分辨，因此，古人所說的「為道日損，為學日益」這兩句話的意思，要否予以分辨清楚，以免混淆。

先生曰：這須分清，但為道並不妨礙為學，須知吾人最後所求者均在道。而通道之路有二：一是單刀直入，即所謂「頓教」，一是由學而至，即所謂「漸教」，唐先生所謂「自曲導曲，以成直」，即是漸教之意。為學在多，為道不在多，合乎道，知識儘可以多。反之，知識愈多愈壞。

(四)司修武問：今日之文學，在文化大流中，應作如何安排？

先生曰：文學當即過去所謂辭章之學。這照現在講，是屬於藝術方面。我們主張文學應是理想主義，或人文主義的文學，仍是「文以載道」。浪漫主義的文學，也是屬理想主義的，不過這偏於生命一概念。三百篇與杜甫，是屬人文主義者。這是古典主義，是正宗。至純美的文學，如文選，在共產黨是反對的，在我們並不反對。我們認為純美本身也是價值。

又問：浪漫主義與人文主義（或古典主義）同是理想主義，兩者肯要的區別如何？又純美的文學，其主徵如何，常朦朧說不清，請先生指示。

先生曰：浪漫主義的理想主義，是一任生命的奔放，故適云偏於生命一概念。中國以前說：「溫柔敦厚詩教」理想主義，則是歸於性情之正，以性情為主徵。人文主義的

也。」便是說的這個性情。孔子曰：「詩三百，一言以蔽之，曰：思無邪。」這便是歸於性情之正。所以這個理想主義是合情理的（Reasonable），那個理想主義是任才氣的，可說是狂狷型。前者生命不徒是生命，而是在性情潤澤中的生命。後者則是一任生命之突出而求有所衝破（對現實言），有所嚮往，此即指向一理想。至純美的文學，則是以音節與韻律為主徵，而歸於音樂一類型。性情、生命、韻律三範疇，可以說明那三派文學之特徵。

(五)陳問梅問：熊十力先生之「新唯識論」很難了解，應如何讀？

先生曰：中國學問隨明亡而亡，至今已有三百餘年，現在首先能與中國文化生命智慧接起來的是梁漱溟先生，發揚光大的是熊先生。你讀這部書，須從這個意思去了解。

·12·

三、惻隱之心與良知

(一)王道榮問：孟子所謂之「惻隱之心」，有很多人發生懷疑，有人舉例說，兩個孺子在井旁玩耍，一個不知危險的掉下井去，另一個看了也不知道什麼生命危險，絲毫無動於衷，更談不到大聲呼救，或自己設法援救，可見惻隱之心，只能在大人方面講，祇是一個人懂得人事後的一種同情心，在很小的小孩子，就根本發生疑問，所以惻隱之心，恐怕不是先天的。

先生曰：前在成都，有一個信佛的人，他說你們儒家講性善。如果是性善，如何安頓下六度萬行呢？我當時告訴他說，講性善，並不是說生下來就是聖人，並不妨礙修行，如何安頓不下六度萬行？而且正因性善，修行始可能。如不肯定性善，則一切修行，全成依他，乃無源之水，無根之木。此義與惻隱之心的問題同。「惻隱之心，人皆有之」，是說在德性上，人同有此本，但不是說人隨時皆是惻隱之心流露。如此便是聖人，惻隱之心的肯定是一事，表現不表現又是一事。故吾常說惻隱之心有「隱顯」，而無「有無」。有隱顯，就是表現不表現的問題。不可說有無，乃是說這是天造地設，定然而不可疑者。表現則顯，不表現則隱，隱而未嘗無也。而表現不表現，則靠經驗教育的引發，表現程度的大小，則靠根器。此

皆可說是經驗條件，是形而下的，亦可說皆屬氣中事。惻隱之心是道德的本心，是實踐的先天根據，即以此說為內在而固有。表現此本心的，其心即是此本心之流行。不表現此本心的，在成人，其心即全為私欲的心。在孺子，即為無知無識的混沌。赤子之心，不就是良知本心。他表現惻隱之心，是他的良知本心呈露，不表現，則只是混沌。要表現，必須有一步「自覺」，此在古人，即說工夫，在今日，即說教育，或經驗引發。人必須於生理生物本能混雜心中起一步自覺之反的工夫，才能認識這本心的必然性與先天性。（這先天不是生物的先天。）不可順混雜心之時隱時顯去說有無。

（二）陳問梅問：人的良知何以亦是天地萬物之本？

先生曰：此點若欲了解其切實義，須有一番徹悟的苦工。我現在只從觀念上予以外部的指陳。人的良知是天地萬物之本。這純是理想主義的話。徵之於科學無根據。而且順科學之路走，亦永遠求不到這個真理。因為這句話，本不是從科學上建立的。它是從道德實踐上建立的。這句話表示一個人生觀宇宙觀，表示一個基本立場。必須在這基本肯定上，才有人生「觀」宇宙「觀」可言。這裡說的人生觀宇宙觀，不是普通所說你有你的人生觀宇宙觀，我有我的人生觀基本態度，基本肯定。

宇宙觀。這些人生觀宇宙觀，俱是委蛇而又委蛇的，末而又末的，是有特殊內容，隨特殊經驗而來的特殊觀點。而從這基本肯定來的人生觀宇宙觀，則是超越而普遍的。乃是東西南北海有聖人出焉，此心同此理同的人生觀宇宙觀。故此代表一基本肯定。無此肯定，便說是虛無主義。孔子說：道二，仁與不仁而已。這是大翻轉大分類的說法。順科學走，找不出這個肯定來。科學給你知識，不給你一個觀，所以科學一層論，理智一元論，必流入虛無主義。從宇宙萬物方面講，這人的良知是天地萬物之本，這只是給人生與宇宙一意義。於它並無妨礙。萬物句話對它是逆來順受。即給它這個意義，於它並無妨礙。但是有了這個意義，則整個人還是萬物，山還是山，水還是水，科學還是科學。但是有了這個意義，則整個人生的根底上便不同了。但是只圍於科學，成為理智主義，抹殺這層肯定，便是今日禍亂之源。所以這個肯定的迫切需要，在今日最顯，而它的意義，亦在今日最顯。平常這個肯定沒有問題，百姓日用而不知，所以都向科學方面說話，也見不出有何流弊。但是久假不歸而成為科學一層論理智一元論，成為共黨的魔道，則此肯定便成問題，因而它的意義與迫切需要亦最顯了。

又問：

　希臘之重智主義與康德之理想主義如何？請作一簡略說明。

先生曰：希臘的傳統只重智，蘇格拉底、柏拉圖，都是重智的，重智是以智為主要成分，

· 15 ·

順著邏輯思考的路走。唯始終Will（意志）講不好，柏拉圖所講之Idea（理型），只是外在的。Will講不出，則不能講理想主義，唯心論也講不出來。柏拉圖講理是多元的，唯許多理中有一個理是最高的，但這個最高的理並不是統其他之理，也只是其中之一，稱為眾理之理（Idea of Idea），這與我國統體一太極，物物一太極之理不同。統體一太極是一元的，以一統多，西方後來雖也有如我國統體一太極之說，但非柏拉圖之本意。康德講理想主義，乃是承西方傳統而轉變出來，以意統智，窮智見德，故從重智到重德，康德是一個轉關，意志亦到康德始講得好。

四、生命之坦蕩與開朗

(一)各位會友，今天是人文友會第四次聚會，上次的記錄，各人看看，如有問題，可提出討論。

(二)今天有好些新會友，這很難得。茲就這點，我說一點意思。凡參加此一聚會的，在這短短兩小時內，我希望大家一方凝聚心思，一方提撕心思。不在給予知識，而在開啟生命，啟發智慧，大家須準備一個很恬靜的心境，不急不躁，以此使心思凝聚，平時的緊張、放肆、恐怖、紛歧，以及翻新奇，出花樣，都是心思散亂的表現。現在到此，要將全體放下，感到很自然、極舒坦，如孔子所謂「君子坦蕩蕩」。這種凝聚，同時即是提撕。從凝聚裡提撕，是內發的向上。孟子所謂「油然而生，沛然莫之能禦」。即指此種內發的向上而言。提撕和凝聚與矜持不同。提撕和凝聚是從精神上講，矜持之念是從軀殼上講。宋時程伊川的學生謝上蔡，於久別重見時，伊川問其有何進步，答謂只去一「矜」字，由此可見「矜」字頗不易去，共產黨所謂小資產階級習氣，即指這種矜持而言。不過他們是從階級上說，以前的人是從人品上說，矜持，從好的方面說，這是基於生物的生存本能的。從壞的方面說，是萬病之源，從自己人品之開展完成上說，一個人的人格防線，不能落在矜持上。如能衝破這一層難持，從好的方面說，是人格的防線，這是第一等人。一般人總是免不了矜持，所以只是一般人。矜

關，則可以稱為英雄豪傑，甚至成聖賢。所以矜持乃是人生的一大毛病。如果矜持一去，則跟

隨下來的一切毛病都可去掉。凡有矜持心者，必與人隔，自己孤，心田不得開朗，非常痛苦。

普通開會，都是緊張、疲勞，我們到這裡來要愉快，要舒暢，並且要能保持下去，常常如此才

好。果能常常如此，則可有師友，論學問，須能保持開朗，互相交談。一個共產黨員，當其入

黨時，總有其最緊張嚴肅的一幕儀式。其作用即在使其新黨員之生命客觀化，即生命完全開

朗，毫無隔閡。不過這種開朗，只是偏於政治上的，由外力壓成的。真正的開朗，倒是孟子所

說的上下與天地同流，耶穌受洗時的「天門開，鴿子從天上飛下來」的那種境界。於此毫無矜

持之氣存在其間，而有智慧產生。所謂智慧，即是識大體，即是通達，時有心靈之光發出，智

慧實即心靈之光的照射，並無內容。有智慧，乃可讀書，乃可明理。一切高級之理，均可懂

得。我們所講的這些，不是知識，不能從科學上得來。如有實踐行動的人，有擔負的人，對此才了

解。如為理智主義者，則必認此為迷信。所以諸位不要想在此得到知識，在此只要去掉矜持之

氣，並且要去掉圈套。孟子所謂得其大者為大人，得其小者為小人，此語宜善為體會。理學家

李延平重涵養溫潤氣象，規行矩步，寬袍大袖：佛家亦主行正路，走方步；古代儒家如孔孟荀

都以水與玉來比德君子。宋儒所謂聖賢氣象，即生活之「潤」。「富潤屋，德潤身。」凡有潤

者，則有福。溫潤之象是含蓄的，如顏淵。孟子的生命，則是奮鬥的，有鋒芒。至於我個人，

於工夫說不上，於溫潤更說不上，其生命也是奮鬥的。不過，我注

重一點，即「開朗」，我在此有很多體驗。我們這一時代是破裂的，所以個人的生命都是破裂

的，凡奮鬥皆破裂，因為生命上已先有對立。我們這一代人都受苦無福。但能保持開朗，事無不可對人言，已是一層工夫。在此有一困難，即自己開朗，而欲人也開朗，則又是一層工夫。此一層工夫更難。佛家有所謂四種闡提，即不可轉的意思，此即是說釋迦對某些人也是無辦法，耶穌上十字架，即緣此故。諸位既來成為師友，則師友亦為一倫，殊為難得。平時大家要不恥下問，並要不恥上問。凡是能談的人，必是開朗的人。一個人的學問能不能進步，與其造詣之高下，均由此而見。平時大家都因矜持而不肯問人，生命陷於固蔽。我與唐君毅先生平時均最虛心，即是你們所寫的東西，我都一字字的看。並且能夠記住其內容。凡是反對人而亂罵人的人，都是不虛心，普通的人，對人家所寫的東西都不看而亂罵。當年傅斯年到德國念哲學，老師教他讀康德哲學，他讀了三遍，還是不懂，於是反過來罵康德。唐先生對反對他的或自己不了解，他一定要了解一番。絕不亂反對。以後大家在朋友之間，要互相坦白，心思開朗，說句俗話，即是「做一個好漢」。大家必須都成為心思開朗的人才好。

討　論：

(一)吳自甦問：在我們這個聚會裡，實能有一種恬靜舒坦的意味。我每次參與，雖未得到一定系統的知識，然總覺得愉快。其意義我也說不出，過後也就忘了，現在才略覺其意義。

先生曰：這就是好消息，有此愉快之情，須能覺察其意義，此後雖可有間斷，然不致全忘了，時時提撕，時時警策，便可從此了悟許多真理。

又問：良知與天心有何不同？

先生曰：良知即是天心，天心即是道心，即宇宙之心（Cosmic mind），從人來講，即是良知。從宇宙來講，即是天心。至於人的良知，何以即是天地萬物之本而成為宇宙的心，則我在上次答陳問梅問中已說個大概。我在那裡說，欲了解其切實義，須有一番徹悟的苦工。此徹悟的苦工指什麼說呢？大家聽得我剛才所講的「去矜持，生命開朗」，便知此工夫確有所指。亦確可作。陸象山說：「我於工夫未能純一，然一念警策，便與天地相似。」此就是上下與天地同流，也就是「天門開，鴿子飛下來」。如果你不明此義，那麼你從剛才所說的共產黨員之生命客觀化處，便可明白其絕不虛幻。你能從工夫上了悟此義，則知良知為天地萬物之本，完全由此而證實，亦完全以此為根據而說的。

(二)陳問梅問：先生所著之「致良知教」一書中謂「從良知即道心落下來成為認識的心」，是什麼意思？

先生曰：講良知是向上走的。要求知識須將良知落下，即是使良知坎陷，作自覺的自我否定，變而為「識心」，即知性（understanding），使客體（Object）與主體（Subject）分開，然後知識才能成立。如果客體與主體統而不分，只向上走，則反可將生命逼死，而可轉為非道德的。這一點在中國過去是一缺點，始終沒有講出來，現在要加以補充，我們須知文化不疏通，則一定出毛病。上下不通，則一定會出布爾雪維克一類的魔道。

又問：西方之民主究竟何意？

先生曰：民主一定要從政權的客觀化方面去了解，不是單從治權方面去了解，我最近在「民主評論」五卷十四、十五兩期有論「政道與治道」一文，可一看，在此文中，可明民主之大意。

(三)王美奐問：我國文化發展之路，是由德到智，西方則由智到德，二者似乎相反，對不對？又二者雖相反，但在發展過程中，其距離則愈趨愈近，所以中西文化於此可以會合，是不是？

先生曰：可以說是相反，中西文化的會合是必然的趨勢。不過，在我們所差的是智的開

出，即是科學之知的表現。在西方所差的是德的啟發，天心的呈露。這是我們所應負的時代使命。這裡須有一番大疏通。不是說任他自然轉移即可以會合的。

五、理智與意志對立

（一）各位會友，今天是我們人文友會第五次聚會，今天順著上次王美奐同學問的問題──「西方文化由智到德，我國文化由德到智」──繼續講下去。這是說西方文化系統是個智的系統，我們的文化是個仁的系統。我們由此向裡面了解，許多理論系統，都從這裡開出來，西方文化的長處，在了解普遍之理與形式之理，用心在智的方面，只把握形式的普遍之理（邏輯的），但不是中國的道和太極的普遍之理（形而上的），雖也講到上帝，不過他們順智的路講上帝，仍是知識的。他們所講的理，只滿足成知識的條件，不能滿足成實踐的條件。因為他們由智以把握形式之理，根本是在類族辨物。感覺是零碎的。由智的抽象作用，始穿過感覺而至形式之理。所以他們在這方面是先把思想與感覺分開了。因此才說感覺只給我們材料，而思想始能盡理。理一透顯，則世界脈絡分明。然必須知這個理只是順邏輯定義向前進，對成類而為言。由此層層上進，而至上帝，亦只是滿足知識的條件，吾所謂觀解的形上學是。此是西方希臘的傳說。在中國仁的系統裡，看世界亦是脈絡分明的，但它不是經過感覺與思想的對立，由十四節見出陰陽消長之理。這個理並不足以成類，所以它不是知識上的。它也不是經由感覺與思想的對立而見，它是由美感而會，所以這不是智的路。由智的路所彰著的一切都是根於「知性」。「知性」是成「知識」的根源。而「實踐」的根源則是「意志」（will）。故成功實踐

的條件是從「意志」出。西方也講「意志」（Will），也講「道德」（Moral），但西方對此
始終講不好。蘇格拉底、柏拉圖、亞里斯多德，開啟智的路。所以希臘精神使人成為理智的存
在。至基督教出，才使人成為道德的存在。但是他們的學人，並不能就耶穌的道德宗教之德操
而言道德的心性。他們對於「智」與「意」總是講不好。他們認為「意志」是橫衝直撞（只見
到壞的一面），須有理智來監視（此即為理智主義），他們對意志了解不夠，故對「神意」
（上帝的意志）也講不好。在正宗的神學家聖多瑪，也認為上帝之意志，似也應服從理性。故
意志之自由與自律，在他們未能統一起來。認為上帝的意志，要受理性法則的支配。意志之自
由與理性的法則，認為是對立的，沒有統一（如統一則境界不同），此為「主智論」。另有一
派為「主意論」，認為神有絕對的意志自由，神可以創造世界，也可以不創造世界。但如此說
來，則上帝之意志自由，看成隨意揮灑（arbitrary），而理性之法則變為外在，因之又形成了
一種兩者的對立，仍不統一，所以對神智與神意仍無善會。不如中國。十七世紀有笛卡兒、斯
賓諾沙、萊布尼茲三人出現。從西方的傳統發展至斯賓諾沙，把上帝看做完全是理智的必
然。偶然只是無知，上帝的超越性創造性都沒得了。變成一體平鋪，一切永恒如如。萊布尼茲
認為要保存上帝之創造性，必講意志自由，說上帝可能實現好多世界（凡不矛盾的，都是可能
的），而擇一最好的給人們。其所以實現，則由於上帝之善意，上帝應該是完全敞開。今講意
志自由，謂一部份可實現，一部份不可實現，這是說上帝亦有隱曲，不能完全敞開，故其意志
仍為隨意揮灑。直至康德出來，才把意志（Will）講好，認為意志不僅有壞的一面，而且有好

（God＝Nature，即上帝等於自然），沒有意志自由，自由是非理性的，一切都是理智的

的一面。他講的「意志」（Will），是道德的意志（Moral Will），是有理性的意志（Rational Will）。講理性（Reason）是道德的理性（Moral Reason）。但他這種説法，在西方太孤，很少有人能領會。他是從心性方面體會進去的。從他可開出價值與道德實踐，故其地位甚高。叔本華可説是康德的再傳弟子，他不透，也講意志，而只是從壞的方面了解的，謂意志是盲目的意志（Blind Will），即佛家所謂「無明」，認為意志仍是橫衝直撞。由叔本華下來，即是尼采。尼采對盲目的意志，仍是承認，但他即承當這盲目的意志，向上衝。將「意志」落在生物學上，落在種族上，落在血統上，認為生命力強才能講道德。故講優秀民族。總之，西方文化是「智」的系統，是走的邏輯的路。這一方面很有成就。但是「仁」一路，則始終不能悟入。現在有「存在主義」出現，乃是西方之新光明。

　　㈡大家了解我以上所講的這些話，然後才能講歷史文化。今天只講到這裡，下次可就此有不解者提出討論。

六、生命與理性對立

㈠今天是第六次聚會，上次所講的西方文化是經過感覺與思想的對立，順著邏輯定義之路前進的智的系統。他們把「智」與「意」總看成對立，始終講不好。大家如有問題，可提出來討論，沒有問題，我再繼續講一點意思補充上次的不足。

㈡西方文化裡，不但把「智」與「意」看成對立，而且把「生命」與「理性」也看成對立。（生命──life，理性──reason）。他們認為生命是非理性的概念，所謂理想、正義、公道、是非，都屬理性方面。生命裡則沒有什麼理想、正義、公道與是非。二者是對立的，希臘時期的哲學家講理性的，就完全把理性看做與生命對立，同時，注意生命的就想衝破理性。生命有從形上方面講，有從形下方面講。從形上方面講，喜歡講變，衝破一切的變，衝破矛盾的變。海拉克里圖士這位哭泣的哲學家即其代表。這是注意生命一面的一個象徵。同時重理性的，則講不變。此或為巴門里第士的形態，或為柏拉圖形態，然皆輕忽了生命的真實性。柏拉圖的理型是純智的，他講的靈魂亦是純智的，但生命不這樣乾淨，這是一個對立。至於從形下方面講生命的，在希臘哲學裡，從感覺經驗說明知識是其一變形。普洛塔哥拉士（辯士）說知覺即知識，人為萬物的尺度，就完全是零碎經驗的主觀主義，虛無主義。而柏拉圖則在知識上就重視理性。此雖是說知識，然亦是生命與理性對立的一個形態。如生命只是生命，看不出它

的意義來，理性便只是外在的理性，理智的理性。如是，這些對立是免不了的。至聖多瑪講神學，亦以外在的理性講，亦以外在的理性建立的神學，是不能接契生命的。這是以外在的理性束縛生命，神學家不能了解。以外在的理性建立的神學，但是耶穌成宗教，則是代表生命，但是這個緣故，二者仍是對立，並不能得到調和。西方對生命了解不夠，對理性亦了解不夠。其理性乃是邏輯的數學的理性。由於這個緣故，所表現之生命了解不夠，對康德所講之理性亦了解不夠。後來又轉為「淺薄的理智主義」。把所以在十八世紀出現了啟蒙運動中的「開明理智主義」。

一切平舖，看成沒有價值，沒有等差，平庸凡俗，窒死一切，於是生命的反動，即「浪漫的理性主義」，而又鄙棄了理性。理性是外在的，則生命即是原始的衝動與混沌。這是生命與理性都是偏的，都沒有講好的結果。凡是生命力強的人，如尼采，即不受理智主義所束縛，因為此種理性與生命根本無關。近代有康德與黑格爾之理性，即有叔本華之盲目的意志。

（Blind Will）這也是代表生命的。接著下來就是尼采。十九、二十世紀生物學很有進步。如達爾文等，同時即有柏格森講創化論。從生物學的生命上講哲學。其實仍是把生命與理性講成對立。文學家講生命是當行。但他們只是歌頌讚嘆生命，並不能當學問講，他們心目中的生命就是哲學上與理性對立的生命，哲學上與理性對立的生命，究竟也沒有成為真實學問的對象。

所以在哲學裡，注意生命的哲學家不是正宗，他們常被認為反派或野狐禪。他們所講的道理不能算是正統的，也不能算是真正的學問。亦猶文學家歌頌生命不能算是學問。這其中的意味與對立，近時的中國知識份子有了解，他們接上了西方的這一面。三、四十年來，稍微能接近一點西方哲學的，得了一點意味的，便很不喜歡講生命、價值、意志這類的概念。他們以為這都

是情感的、衝動的，不是學問的對象，他們心目中的理性和西方傳統所表現的一樣，是外在的理智的理性，他們心目中的生命，也是與西方傳統所表現的一樣，是原始的衝動與混沌。生命成了無理以潤之的東西。它或者只是詩人文人口中所表現的，或者只是一片荒蕪，不是學問所貫注到的地方。

近時中國人忘掉自己的文化傳統，完全不知我們的前聖往賢，都是在生命上講學問，他們是首先把握生命。但是他們的把握，一方固不是詩人文人口中的讚嘆，一方也不是西方人所表現的生命只是生命，與理性為對立。他們首先把握生命，同時也首先把握理性。但是他們的理性，一方固不是外在的純智的理性，一方也不是與生命為對立。這種用心，與這裡面的觀念，近時知識份子大概全無所知，全忘記了。所以我們的生命理性都是向西方人那種破裂對立的方式走。把數千年來古人所給我們講的和諧調護生命之學，因而所給我們的「和諧的生命」，全部遺忘而毀棄了。然而西方人那種對立的境界實在低得很。

生命究竟是真實的，不能歸化的一個基素。人間的一切，是人的生命的表現。歷史是人創造的，也是生命的表現。若生命只是詩人文人口中的歌頌，或只是一片荒蕪，不是學問所貫注到的，或如西方那樣，凡講生命的都是野狐禪，不是真正的學問，則人間的一切與歷史，都無法得其說明，亦無由講出一個是非善惡，以指揮並評判人間的活動與歷史。所以對生命與理性的積極認識，是學問上頂重要的一個關鍵。司馬遷說：「究天人之際，通古今之變。」若是人生與理性是西方學問所表現的那個樣子，這兩句話完全無意義，歷史無從講起。希望大家在此多用一番心思。今天只講到這裡，下次再從道德上講意志。

七、大學之道在明明德

(一)各位會友，今天是人文友會第七次聚會，今天又有好幾位是新來參加的，我希望新來參加的人，以後每次都要來，不要間斷，聽聽總有好處，這裡和課堂聽課不同，不一定要從頭開始，它每次都有相當自足性，多聽幾次，自然有所了解。平日大家上課，必求有所得。這裡可以無所得。但如在生活上，大家談談，把心思凝聚一下，亦是一種收穫，較之課堂上的所得更大，亦很不同。在這裡，可培養另一種性情，另一種襟懷，肯定另一種道理，而在課堂上是得不到的。本會用心是在這一方面多一點，了解一種道理，必須靠著一種氣氛薰習，時間既久，受效至大。這是特別對新來會友說的一點意思。

(二)我們第五次講的是理智與意志的對立，第六次又講生命與理性的對立，以補其不足，在西方哲學裡，視講生命的哲學不是正宗的，亦不是真正的學問。這是因為他們把生命與理性對立，不能在這裡開闢出真實的學問，但是中國學問卻正在這裡著眼，開出「大學之道」，在明明德」的大學問。這點近時的知識份子全忘記了。尤其讀哲學的人，完全順西方與生命對立的理性一面走。對於生命完全輕忽。因此不得不流於形式主義、技術主義。哲學上是如此，文學上亦然。大家對於西方的文學作品，詩、小說、戲劇，都讀了好多。意識上對於文學的觀念，完全是西方文學中的那些觀念。中國文學亦有它的一套觀念（基本範疇），所謂溫柔敦厚，詩教

也，這種中國式的理想主義、人文主義、古典主義的文學觀，近時知識份子也完全接不上。中國文學中的生命，是不與理性為對立的，這是跟中國儒家學問下來的。歷史方面，西方人對於歷史亦有它的一套基本概念。他們的歷史由神話開始，以英雄傳記為主，近代治史，則有所謂科學方法，全流於外在史事之舖述。這也影響了中國人。中國對於歷史，則由史官說起，史官紀事是很嚴正的，所謂董狐之筆，春秋之筆。下屆太史公，有所謂「究天人之際，通古今之變」這套概念，近人也接不上。近人治史，完全停在科學方法所成的考據上，與生命脫了節。

這完全不是中國以前講史的態度。大家試看，近數十年來，中國人對學問的態度，在哲學、文學、史學上所表現的，完全是向西方的「學問模型」看齊。對於中國的「學問模型」是處於否定的地位。我們這個聚會主要用心就是想在這裡點醒大家，想開出學問的新途徑，克服這個對立，再來一次否定，就是所謂「否定之否定」。這個受苦的時代，實在是使吾人已屆超轉的時代。根本關鍵是對於生命的正視，由此悟入中國聖哲所開出的真實學問。哲學應當在這種學問的認識上重新調整，文學也應當基於這種學問的認識當基於這種學問的認識重新轉換提高其心靈。以前朱子為什麼說「先讀經後讀史」，只有在這種學問的認識上才可明白。我們這許多年來講話，主要線索是告訴大家先認識西方的這種概念，而後再翻出以前的人所謂的「大學之道，在明明德」，現在的人都不當做學問，與生命無關。中國所講的學問，以前認識中國學問是什麼，西方所謂的學問，只是外在的知識，與過去不同是當然的。我上次後段所講的講詞裡特別提出忘記了這些，則看文學哲學歷史，都和過去不同是當然的。我上次後段所講的講詞裡特別提出

這點來要大家注意。大家須知中國所講的學問，即明明德的學問，是生命的學問。生命終究是

真實的（心靈、生命、物質這三概念都是真實的，是最基本的存在，必須承認，必須肯定），是基本的存在。如不了解生命，只知外在的事實（材料），並不是真了解歷史，要了解歷史的

真實性（Rea Lity），非通到生命不可。如以生命非學問對象，則對於由生命來的歷史文化如何可以了解？所以我說對生命與理性的積極認識，是學問上頂重要的關鍵。這一點轉過來，則

我國文化生命，將有無限之發展。這樣才能「究天人之際，通古今之變」。

我上面的話不是無根的。只要大家目光一落實，即可對照出來，茲以學哲學的為例：金岳

霖先生是讀西方哲學很有成就的人。但他的造詣只是停在英國經驗主義的傳統以及近時實在論的立場。對於西方學術的大傳統並接不上。本來在平時念哲學的人，只容易接受邏輯數學的一

套概念，只是理智的，最不喜歡講生命、文化。根本就沒有文化意識。今天在台灣，如你不造

反，也沒有那個管你，這便是所謂自由中國。但在今天大陸上共產黨那裡，如果還是這樣，那

就不行。你不管他，他卻管你。知識份子一見共產黨的一套理論，看看也言之成理，於是由這

一套理智的理論，轉成那一套理智的理論，也就可能了，這要是沒有根底，是抵不住這種壓力

的。如一動搖，那就壞了！金岳霖先生的自白書，我看過了以後，使我發生無限感慨，所以我

曾經寫了一篇文章，論科學以上的學問。共產黨看清了時代的風氣是虛無主義，沒有著落，他

卻不允許虛無主義，一定要你有肯定，有著落（當然它最後是個大虛無主義）。金先生平常只

是作邏輯思考，他所注意的是邏輯的形式，只重「如何」（How），不重實際的肯定。把一

切看做是形式上的問題，當技術問題來處理，所肯定的只是這個形式；至於實際則不管，即不

加肯定。例如「吃砒霜可以致死」，只問「吃」與「致」之間的關係，死不死，那是另一問

題，則不管。莊子秋水篇謂「以道觀之，物無貴賤」。這其中亦含有一種「假然」的邏輯關係，但是透過這關係而看那真實性的「道」，卻不在其考慮之列。凡講邏輯的，總是只講邏輯的「形式」，並不問「道」。中國過去的人卻要問「道」。金先生說他與唯心論鬥爭了幾十年，這並不因為有沒有「心」，乃是因為唯心論在邏輯上說不通。他的興趣只在邏輯上之通不通，並不在直接去正視那實際世界中的「心」。所以他覺得抗戰這種事，在他的意識裡、生命裡，並不起什麼作用，看不出什麼道理來，跟著到後方去，不過是隨大家走。試想一位哲學家對於整個中華民族為了生死存亡，抵抗日本的侵略，竟看不出道理來，看不出理由來，這是什麼緣故？若照他的說法，試問還有什麼道理由去打日本，去殺漢奸？他自白書的這些話，共產黨並不能叫他這樣寫，也不會了解這些，他是真正的反省到形式主義、技術主義的本性。因為抗戰的道理及其價值性上的真實性，並不函在他的形式主義與技術主義裡。我看到他這層意思，真是觸目驚心，感慨不置！金先生當然也肯定「真實」，但是他的真實只是透過形式接觸真實的問題，也就是生命這種真實。他在這裡完全無所感。知識份子，高等知識份子，竟到了這個地步！如果人心未泯，安能無動於衷？知識份子在此必有一轉，如有憂患之感，切膚之痛，可以一轉而歸於中國的學問路上來，則是中國的大幸福。如一轉而墮落到共產黨的路上去，那就是中國的大悲哀，也是全世界人類的悲哀。我過去的一篇文章，即在說明我的這種意思，希望今天的中國知識份子覺悟。可是在台的知識份子，仍未了解這層意思，仍舊被陷在金先生的那一套形式主義、技術主義、虛無主義的圈子裡迷而不悟。我並不是無禮責

備前輩，實在是看到這是時代的一個大毛病！現在我們要肯定的是「大學之道，在明明德」。我們要對抗日戰爭有肯定，要知道它的道理，我們在外在的邏輯、數學、政治學、經濟學方面，通同找不出它的道理來，只有在生命的學問裡才能看出這裡有一個真理！絕不是情感的衝動。這是根本問題，是立場，是態度。這是永恒的、絕對的。因此，在西方要有耶穌，在中國要有孔子。即是要有肯定，有立場，有態度。即是所謂天變地變道不變。現在的哲學家卻於此茫然，連中日之戰這種大事都無法肯定，試問哲學家還有什麼意思？還有什麼道理？這個時代可以使我們了解好多道理，所以說這是大時代。我們須知抗戰是情感，是生命，也是理性。但這裡的情感，並不是寡頭的情感。我從這裡逼出道理來，使你了解中國學問，從中國學問裡轉上去。

討論：

(一)吳自甦問：從「事法界」進至「理法界」作何解釋？

先生曰：現在的人講學問，只從科學的態度講，只論「事」（Event），沒有「理」（Reason），沒有「體」（Substance），沒有「力」（Force）。過去古典的物理學者，都講這三者（理、體、力），自從愛因斯坦以後，則成為三無（無理、無體、無力）。現在講「國家」的，認為國家也不過是一個社團，並無綜合理性上的根據，總要把它望下拖，拖成事務上的關係而已。今之講「自由」，只

下定義，認為自由是 Liberties（多數的），只成為外在的，不講 Freedom，認為 Freedom 是抽象的。其實 Freedom 是從人格上講的，道德意義上講的。講自由，不從人格上講，而只從外在的權利上說，其自由只成了享受上的自由。這即是科學態度的結果。科學雖可貴，但在這裡這種科學態度卻成為可厭惡的。契爾克卡德（Kierkegaard）：說「數千年來，人們皆實踐了愛，詩人歌唱了愛，只是十九世紀的教授，則為愛下定義，以便配合到他那嚴密的邏輯系統裡。」這是說將「愛」變成外在的、客觀的，即將愛推出去了。這是只有「事」，沒有「理、體、力」，所以說要從「事法界」進到「理法界」。意即講學問不能只從外在的「事」上講，要進到內在的「理」上講。

又問：　何謂以理生氣？

先生曰：所謂以理生氣，是指中國所講的良知之理，「天命之謂性」之理，才能生氣。邏輯數學之理，並不能生氣。

(二)陳問梅問：思想、觀念是否為環境決定？

先生曰：馬克思說，「存在決定意識」，這在認識關係上是可以說的，但「意識決定存在」，是從實踐上講的。

八、意志與超意志

(一)各位會友，今天是我們人文友會第八次聚會，上次所講的是把生命與理性的對立再解釋一番。因為十九、二十世紀來是西方的學問領導世界，領導的結果，已發生了很大的毛病。總括起來，從意識形態上說，是科學唯物論；從文明方面說，是科學工業技術化；從生活上說，是享受腐敗。這是世界的同風。在這種風氣之下，很顯明的表現出一種怪現象，即共產黨主張唯物論，而行動則是十分唯心論的，自由世界允許我們講唯心論，而一般的意識與生活卻是十分唯物的。共產黨的行動十分表現意志力及人能，這都是自我分裂，不是順理成章的，所以亂。自行分裂，是一大悲劇，不但是自我分裂十分表現意志力及人能，而不必就是真的唯心論。共黨不肯就這意志力及人能而肯定道德心靈以成為真正的意志力及人能，所以它的意志力及人能都成為邪僻與反動的狠愎，不是價值的根源，反成為否定價值的罪惡。反是罪惡的根源。所以這畢竟還是貌似的唯心論，而不是真的唯心論，正義亦都是貌似的，而不是真實的。這才是悲劇的根源。你看過去在大陸，大體上說，一般優秀的，有性情有理想的青年，都為共產黨所吸引，日本現在也是這樣。這是一大危機。至於自由世界雖講自由民主，但這民主自由，早已客觀化，成了制度，已失掉其理想性，不能吸引青年為之奮鬥，現在還是在現實生活上過其寡頭的自由民主生活，再加上科學唯物論，當然沒有理想，不能號召了。我們現在要使自由民主成為理想，恢復其號召性，必須在這寡頭的自由民主與科學唯物論以外，加上一個東西。現在要承認這個時代的主動

精神在克里姆林宮，自由世界只是被動的（Passive）步步落後。但在共產黨所代表的是「否定」，他把過去所肯定的正面的許多東西都否定了。過去正面的許多名詞，大家已聽厭了。再講誰也不管。所以現在要把那現實化，表面化的名詞暫時撇開，重新向裡透視一步，從生命上講，藉以恢復我們的理想，爭取主動。本來這個時代，只要稍微用點心，就可看出時代的毛病，可是現在的人為科學工業技術化閉塞得太深，仍無動於衷，共產黨的形態在這個時代很像秦始皇與法家，自由世界一日不覺悟，則即一日有利於共產黨。長此以往，很可能發生秦始皇統一六國的危險。

我們講歷史有兩條路，一條是歷史的判斷，一條是道德的判斷（從前朱子與陳同甫爭漢唐，即此二者之爭），從歷史判斷上講，我們可以承認共產黨之發生有其歷史的原因，但從道德的判斷上講，它卻是代表罪惡。我們現在的心思須廣大鎮靜，不要認為共產黨現在很得勢，即認為他們代表真理。我們只能從歷史判斷上承認其有負面的價值，但它究竟不是正面，生命上發出來的力量是不可思議的，當年孔孟點出仁義即在將生命活轉，這是文化的真途徑。

討　論：

(一)陳問梅問：西方表現智，東方表現仁，是否由於環境所決定？

先生曰：這是歷史的趨勢，沒有邏輯的理由。心德無窮無盡，不能一下子全體呈露，表現內容，要有發展過程。至於表現那一面，則視因緣如何，一個民族的心德，首先表現那一面，只有歷史的原因，沒有邏輯的理由。我們拉長了看，凡是真理，總

會出現，心德無窮無盡，通同要出來，不要講環境決定不決定。把一切責任推給環境，這在道德上無法講。儒家講道理從兩個標準講：一為政治的，講政治為王道（足食足兵），講道德為內聖，故說「內聖外王」。文化有普遍性，也有特殊性，文化要有表現，二者均須肯定，所以不能只承認其普遍性，或只承認其特殊性，過去黃黎洲只講文化觀念，只肯定理，即只肯定了文化的普遍性，王船山卻講文化與民族不可分，既肯定理又肯定氣，即肯定了文化的普遍性與特殊性，所以王船山確比黃黎洲為透徹。

㈡王美奐問：第七次講詞裡所講的根本問題，其根本究竟為何？

先生曰：這根本問題所指之根本，即是道德心靈之復活。

㈢陳問梅問：孟子所謂之性，是否必須與心不分？

先生曰：性有氣質之性與義理之性，氣質之性不成其為性，講性善是指義理之性講的，至告子所謂「生之謂性」乃體性學上的講法，是邏輯的陳述，故無善惡可言，與氣質之性與義理之性又不同。孟子所謂之性與心，是不可分的。

又問：惻隱之心，除孺子入井一例，是否還有更顯明的理由？

先生曰：惻隱之心，是仁之端，不是任何人創造的，是天造地設的，必須肯定，不容懷疑，否則即對一切無法講起。孺子入井是最親切的指點。如果這裡真了解透徹，而見其為人之天造地設之性，則亦用不著另外講理由予以肯定。換言之，即使一切可疑，這一點絕不可疑。

(四)王美奐問：先生前講所謂透過形式接觸真實，這個真實是什麼？

先生曰：這真實，在共產黨認為是「階級」，所以，他們以階級為立場，在我們則是「道德的主體」，其實階級並不是個真實，因為它只是個量的概念。這是他們的錯誤。

(五)王道榮問：惻隱之心是不是後天的？

先生曰：不，這不是後天的，不是經驗的，而是先天的，這裡所講的先天，並不是時間上的或生物學上的先天，人的生活範圍內有三個座標必須知道：㈠邏輯，㈡數學，㈢道德，這三者都是先天的，都當承認。這即是唯心論所肯定的。須知唯心論，並不是不承認外物。講學總是要教人回過頭來向自己轉，一定要把你前面的東西去掉，使無依靠，然後才知真理，佛教耶穌教均是如此。所謂極樂世界，所謂天

國，即在「心」裡。我國所謂的「孝」、「弟」都是先天的，並非後天的，經驗的。道德的我，邏輯的我，都是先天的我。經驗的我，才是後天的我。

九、邏輯的我與道德的我

(一)我們這好多次的講法，都是注重疏導，希望一層層的逼上去，找到立腳點（即所謂立場）。從此翻出來，再展開來，和一切接上去，然後才能有文化理想。不過，這需要把精神凝聚起來，從內在深處發出來的力量才是。馬克思在英國圖書館裡悶上了多少年，他所發出來的一套思想，力量多大！講學問須和生命接觸，須發於獨，不能純從客觀事物的排比上發。我們現在總要常存悲憫之感（即Coemic feeling），要有時代意識和文化意識才行，這是把多次來所講的總起來再說一說。

(二)今天我再順著上次王道榮同學問的問題，我曾說到「道德的我邏輯的我都是先天的我」，這層意思再詳細為大家講一講。我這幾次的疏導，即是要在生命中有一個肯定，肯定普遍的道德心靈，消除理智與意志的對立、理性與生命的對立。生命有生物的生命，有真實的生命。所謂最後的立場，即是在生命中提一下，肯定普遍的道德心靈，這即是kierkegaard所說的「主體性即是真理」。主體上才有決斷，才有肯定。這一個肯定、一個立場、一個態度，即是真理。這是真實，不是虛幻，這也就是真我。而生理的我，乃是假我。認識了真我，才認識生理的主體是假我。若從生理的主體進一步而講到意識與情感之流裡的我，這也是假我，這是心理的我。這是主觀的，因時因地因人而不同，沒有普遍性。

若以普遍的道德心靈為主體，則是客觀的我。陸象山所謂「東海有聖人出焉……此心同，此理

同；西海有聖人出焉，此心同，此理同；南海北海有聖人出焉，此心同，此理同；千百世以上有聖人出焉，此心同，此理同；千百世以下有聖人出焉，此心同，此理同。」此心、此理同，即道德的我。這是從仁義之性上說的，這即客觀的意思（這裡的客觀和客觀對象之客觀不同）。是以「理」與「法則」來規定，它本身全是「理」與「法則」，所謂道德的我，即完全是由心靈之理性化與法則化而成，所以說「此心同，此理同」。（邏輯的我，則整個是一個邏輯的推理而成。）這非要從生理的主體與心理的主體糾纏一關中解放出來不可。這種生理的與心理的糾纏，即佛家所說的「生死海」，即「真我」（普遍的客觀的我）沒有透露出來。從前理學家講學，總是要將這真我透露出來。這即是耶穌所說的「這就是光」。這就是生命之依靠。有了這個，才能有古人所說的「壁立千仞」，「八風吹不動」。過去理學家，都是用心於此。至於邏輯的我，這只能說是經驗的理解，並不是邏輯的我，還是主觀的，不是客觀的。

但也不是所有思想家都能接觸到這點，只不過某些學派的思想家達到這種境界。例如英國經驗主義的洛克、休謨、米爾，直到羅素，這一派的人所了解的我，都是經驗的我。羅素雖講邏輯，但他不向裡收，卻是向外推出去了。他只向心理學上看主體，即由感覺、知覺、想像、聯想、記憶而言。（講心理都是與生理連的。）由此也可進到理解（Understanding）。

但真正之理解還不夠，這只能說是經驗的理解，並不是邏輯的我，還是主觀的，不是客觀的。

光是經驗的我，主觀的我，則知識的客觀性與普遍性不可得。我們若是不向外推而向裡收，再從主體上透進一步，那就是歐洲大陸上的理性主義了。笛卡兒說的「我思故我在（I think therefor I am）」這個「我」，即是「邏輯的我」。「我們須知我們身體的我，乃是經驗的我」，變化無常，並無客觀性與普遍性。她從「思」上說我，是以思想為主體，不是以生理為

主體，也不是心理學的意義所說的思想。（心理的主體，如喜怒哀懼愛惡欲，都是心理現象，都是佛家所說的八識流轉的業識，變化不定。）而是以邏輯法則所規定的思想。它一面是動用，一面是貞定。所以說是「邏輯的我」。因為是邏輯的我，所以是客觀的。因其有理在內，所以才能客觀化。這邏輯主體的思想加上經驗材料，即成科學知識，即是邏輯、數學。（前面所說的道德的我，是從生理的心理的生命中提鍊出來的，比較以純粹思想為主體的邏輯的我更高一層。）但英國人對德國人的思想總是反對，他們不採取德人的講法。不過，現在英國的羅素，也知道邏輯、數學是先天的，不是經驗的。但是，還不知道這個先天是落在那裡。他所謂的先天，只是架空的，邏輯的，是虛的，是飄浮的，只是形式主義。若是要從此進一步落實，則必須進到理性主義，落在邏輯的我上才行。今天的人，偏怕講理性，只停在形式主義上。笛卡兒講「我思故我在」，即是邏輯的我，但未說出罷了。及至康德講純粹理性的批判，講自然科學如何可能。即在透出這個邏輯的我自發出來德有所謂十二範疇。每一範疇，都是純粹的概念。這都是由邏輯的我自發出來的。（他有自發性、主動性。）這些法則都是成功科學知識的形式的（先天的）條件。如此，科學知識才可能。你去觀察、歸納，必須後面有這些法則去貫串，去使其有條理，才有可能，否則不可能。感覺經驗只是些材料，必須有因果律，才成知識。但因果律卻看不見，拿不到。總之，科學須靠歸納，而歸納須有因果律，但因果律只是習休謨曾批評因果律是不能證明的。如「吃砒霜可以致死」，「吃砒霜」與「死」，本無關係，但吃砒霜常慣的聯想，沒有理由。是因聯想而謂其有因果關係，實則只是主觀的聯想。故休謨謂相信因果律，等於常可以致死，是因聯想而謂其有因果關係，實則只是主觀的聯想。康德出來以後，則不從經驗主義上答覆這一問相信上帝。若果如此，則科學知識沒有根據。

題，而以邏輯的我自發出來的範疇為成科學的法則。這些法則是如網狀的結構，感覺經驗落在這網狀的結構上，故歸納為可能，因之能成為科學。總之康德是落在邏輯的我上。現在的人不喜講理性主義，即由於不知邏輯的我。我現在講這些，即是要大家從生理的心理的生命中超拔出來，肯定「道德的我」，肯定「邏輯的我」。這是二大骨幹，從此才能接觸真生命，講真學問。現在的人，只是西方現代的風氣，只認識客體，不認識主體，而主體是被忽視的荒涼的，（生命的荒涼），現在中國人所謂的科學，所謂的吸收西方學問，至多只不過是英國經驗主義的態度，並不知道理性主義所認識的科學（其實康德最認識科學）。我們所謂的一「大學之道，在明明德」，明德之可說，須先從生命上將「道德的我」透顯出來（如透顯邏輯的我一樣），有明德然後才能講是非善惡。我個人對於這方面的了解，是先了解邏輯，後了解康德，再了解孟子。要了解超越的東西，必須要反顯，要將生活上的習氣鍊子通同摔掉，然後當下即是。要想透露主體，非如此不可。（有所得，則不可得。）以前的人不大注重知識，必須打回來，無所得。（有所得，則不可得。）這樣才能講價值之源。這總不能順著觸覺向外取，是緣此故。中國近三、四十年來（西方十九、二十世紀），因科學有成就，大家講學問，都只是向外取，都被蒙蔽得死死的。過去東方的中國與西方的希臘，講學問都是「逆之」的路，所以才能認識真理，才有肯定，才有態度，才有立場。大家對於這種道理，要是從學究上去了解，卻比較麻煩，若從生活上去體驗，則比較容易。

（三）大家在目前總要正視人生，總要有一點痛苦的感覺與悲憫的意識，才能領會我所說的道理，否則我所講的都成廢話。我們講這些都是有一個「願」，重對內，不重對外，我們這講

詞，要向外寄，必須是先與我們發生了人的關係才可，不要隨便寄出。我們這許多年來已不知寫了多少文章發表了，可是看的人也只是當文章看了，變成完全不相干，那有什麼用呢？我總喜歡心思開朗的的轉變，仍把我們所講的當做文章看，變成完全不相干，那有什麼用呢？我總喜歡心思開朗的人，有性情的人。不喜歡自我封閉的人。大家如有感覺，肯用心，正視人生，正視時代，則人品學問始可有立。

討　論：

吳自甦問：懷疑論與悲觀主義有什麼關係？

先生曰：懷疑論是從哲學上講的，悲觀主義是從生活上講的。可是哲學上的懷疑論，如若懷疑到底而無肯定，則生活上不是悲觀主義，即是玩世主義，所以需要從哲學上透出最後的肯定來。這類問題，看起來很專門，其實並不如此，倘照中國從前的人的講法講起來，則感到很容易、很簡單。

十、具體的解悟與抽象的解悟

(一)各位會友，今天是我們友會的第十次聚會。我們前幾次連續講下來，差不多都是連貫的，從理智與意志的對立，理性與生命的對立，直講到邏輯的我與道德的我，關於這些道理，到此可作一段落。

(二)今天我先對大家有幾點報告：(1)香港人生雜誌社王道先生極願意登載我們友會的講詞，這本非我們的初意，我本不主張發表。因為會中講話，只是師友講習。在場的人因種種背景烘托，覺得很有意思。但記錄下來，文字孤離，言辭不備，很易引起誤會。又現時人心太散，任何東西都想向外表露。發散之意重，收攝之功少。以散遇散，亦是落英之一。我們的本意只是想叫大眾凝聚提撕，向深處想，向遠處看。我現在仍是希望各位會友常常體念此意。若一味紛馳，反成孤負。(2)勞思光先生最近想接辦一種刊物，如果成功，他對青年人的寫作都說好，但他事實上並不太負責去看，而熊先生（十力）則不願青年人隨便發表，因為青年人什麼都未成熟，若常發表，必致渙發精神，耗竭生命，而且易於養成自滿心理，影響進步。照我看來，隨便發表，固然不好，不發表，也會閉塞思路，倘有機會發表，不妨藉此練習。從前的人，總是想了解古人，總說自己不思考。練習寫作，亦即訓練自己，但不要自以為是。從前的人，

懂。現在的人，在思想自由學術自由的口號下，總說我有我的見地，我有我的立場，自由、立場，反成拒絕真理的擋箭牌。須知養成一個見地是不容易的，也沒有那麼許多立場。我希望我們的會友不要有這種習氣。(3)自有聚會以來，已有數月之久，但真正聚會時間，雖不很多，只不過每兩週一次，可是近來大家很有進步，這是可喜的現象，如陳問梅同學最近寫了一篇關於人性論的文字，行文很有次序，尤其能從文學作品裡看出人性之善。我想就這一點說一點意思。諸位大都是文學系的同學，讀文學的人作抽象的理論的思考常常不行。然能就文學作品悟出道理來，這也是一條途徑。當年孟子道性善，言必稱堯舜，而趙歧又稱他善長詩書，詩可以興，書可以鑑。就詩論詩，大都是具體的情感。就書論書，大都是具體的史料或格言，這表面看來，好像是瑣碎，荀子就因此故，我們也可以說，他必是能於具體的性情及嘉言懿行中體悟到這裡有所體悟。即就他道性善言，孟子的這種體悟，就叫做具體的解悟民之秉彝以及人性之善。這即是由具體雜感中體悟出形而上的普遍原理來，由此進入聖學之堂奧，並沒有白讀了詩書。我說這意思，即在使大家明白，孟子的這種體悟，就叫做具體的解悟（Concrete understanding）。荀子隆禮義而殺詩書，就表示他只知道禮義的表面的整齊性，詩書的表面的雜碎性。他不能由具體之情體悟出形而上的普遍原理來。由此可知荀子的具體解悟力是很差的，他只能有抽象的解悟力（Abstract understanding）。我現在乘此機會對於這兩個名詞略微解釋一下，使各位會友有所興發。

　　具體的解悟是把握形而上的原理的，抽象解悟是把握屬於知識的概念的，我上次講到邏輯的我，抽象的解悟就是由邏輯的我而發出。它是通過邏輯定義或是歸納手續而把握抽象的概念

或抽象的共理。它也是從特殊中見普遍，但它所見的普遍實在是代表知識的種類概念，是以類族辨物的定義或歸納來規定的，所以它所見的普遍是抽象的。普遍（或共理）是抽象的普遍，即以此來規定這種解悟為抽象的解悟。至於具體的普遍，雖也是由特殊見普遍，但它所見的普遍不是代表知識的，而是形而上的原理，而這種原理也不是通過邏輯定義或歸納而見的抽象的普遍，而卻是具體的解悟。（Concrete universal，具體的共理），即以此具體的普遍來規定這種解悟為具體的解悟。一粒沙中見世界是具體的解悟，由一年二十四節觀出陰陽消長之理，這也是具體的解悟。孟子由詩書而體悟民之秉彝，人之性善，這也是具體的解悟。一華一法界，一葉一如來，亦是具體的解悟。因為由一粒沙中所見的世界，由二十四節所觀的陰陽消長之理，由詩書所見的性善，由一華一葉所見的法界與如來，這都不是定義或歸納中抽象的共理，這些話也都不是定義，也不代表科學知識。定義或歸納中的抽象之理，都是論謂特殊事件之特性而以類從。具體的解悟所把握的具體普遍之理，不是論謂特殊事件之特性的。法界與如來不性，陰陽消長之理不是一個事件的特性。它不論謂任何事件，可是任何事件也離不了它。推之，老子的道，孔子的仁，孟子的性善之性，王陽明的良知；都不是定義中的是一個事件的特性，

理，也都不是可以下定義的。即使下定義，也只是字面的定義或名稱的定義（Verbal defi-

子，由之以悟其德之全。而這種悟中亦就是具體的解悟。

具體的解悟或是屬於形而上的原理或是屬於歷史。不管是那方面，這種解悟所把握的都必須是精神的實體。形而上的原理，亦必須是精神的實體（Spiritual substance），並不是任何

理，而不是真實定義（Real definition）。字面定義也只是一個引

外在的形而上的概念都可說由具體的解悟來把握。此譬如唯物論的物質，原子論的原子，便不可說是具體的解悟所把握的。

歷史如果用科學的方法或抽象的解悟來解析，便衹是事件的排比統計與記憶。這不能說是解悟。所以在歷史方面，如果說解悟，便須是具體的解悟。由具體的解悟方可說是了解或解析歷史。此所了解的便是通過具體的事件而把握其背後的精神的發展。這不是論謂具體事件之特性的，所以不是排比分類中的抽象之理。反之，那些具體事件，倒是由那精神發展之過程或理路而帶出來的。排比垓下之戰中的事件，以及昆陽之戰中的事件，以及與垓下之戰相類似的戰爭與昆陽之戰相類似的戰爭，並不真能了解項何以會敗，光武何以會勝，亦不能推斷項羽敗，其他類似的戰爭亦必敗，光武勝，其他類似的戰爭亦必勝。這種排比統計，對於了解歷史是並無多大幫助的。所以科學方法與抽象的解悟用之於自然，可以成為科學，用之於歷史與社會，便衹成排比統計與記憶，並不能算是真地了解歷史與社會。所以用這種方法與解悟而成的所謂歷史科學社會科學，完全是貧乏的、瑣碎的、無意義的。

抽象的解悟由邏輯的我發，它所把握的是抽象的共理。具體的解悟由道德的我發，它所把握的是具體的精神的普遍之理。精神生活強的人，具體解悟力亦強。孔孟於道體（形而上的原理）及歷史文化兩方面，具體的解悟力俱強。老莊於道體方面強，而於歷史文化方面弱。程朱陸王都於道體方面強，於歷史文化方面則不甚彰顯。王船山則兩方俱強，而於歷史文化方面則特彰顯。荀子衹有抽象的解悟力，顧亭林亦然。朱子於具體的解悟及抽象的解悟俱強。在西方大都抽象的解悟力強。唯黑格爾及凱塞林則具體的解悟力特別強。故他們兩人皆能精論歷史文

化。順講到上帝（上帝是具體的、精神的），亦祇是抽象的解悟所把握的上帝，並不真了解上帝。康德是由抽象的解悟開啟具體的解悟的一個轉關。契爾克伽德具體的解悟強，真能了解上帝。現在的存在主義，亦可以説是走的具體解悟的路，由具體的解悟以講人生。此可謂近道之方。

抽象的解悟與具體的解悟不是平列的對立，而是本末的兩層。中國人以前常説某某人有解悟，有穎悟，有神解，都是指具體的解悟説的。如王龍溪、羅近溪，都是這種解悟力極強的人。當今的熊先生亦是神解過人。但是必須知道這種解悟不是普通所説的那種泛泛的直覺或聰明。這必須扣緊它所把握的對象而確定它的意義，必須從道的主體發，反而即把握這道德的主體所表現的精神發展之理路。這是有定規有確定內容的。否則全成為主觀的，無定準的，以此為世人所詬病，遂祇有轉向抽象解悟之一途。如知它必從道德的主體發，且反而即把握此道德的主體所表現之精神發展之理路，則此種解悟，以前的人即開為三階段以明其全部的意義：(1)解悟，(2)證悟、（體悟），(3)徹悟。這都指悟道修道言，即指悟道德主體以及精神之發展言。

我今天因為陳問梅同學的文字，一時想到這個問題，故略微解釋一下。今天有勞思光及韋政通兩位先生參加我們這個友會。我們很希望兩位先生多給我們講一點。

(1)勞思光：

勞思光：我來參加這友會聽講，這是第二次，我前次建議有系統的講：已蒙　牟先生採納，很愉快。關於　牟先生剛才所講到Abstract understanding和Concrete understanding，我想再加一點補充，以助大家明瞭：最強調具體的解悟重要的

是德國的歷史學派的第爾推（Dilthey），我們看歷史可有兩種看法：一種是從事象存在上看，即當做一個個看；一種是從心靈活動上看，即當做整個的看。前者是自然科學即經驗科學的態度，後者是人文科學即精神科學的態度。第爾推，他認為人類的歷史，即是精神生活的歷史，人們單有抽象的解悟，祇能了解自然科學的道理，祇是把一切事物當做一個個的事象看，其中的關係，祇是一種因果律的關係，其實這並不夠，自然科學是有窮的，這在人生中總有一個角落達不到，所以他喊出具體的解悟來，要人們藉此真正了解歷史，這樣才能看出歷史的價值和意義，才能講歷史哲學。這種具體的解悟，以中國的字樣說，我想用「體驗」二字來代表，不知道對不對，我順便要在這裡說明：這兩種Understanding並不是將Understanding分為二面，而是說人們對一切的了解有兩種境界，所了解的各有不同。

(2)韋政通：我今天是第一次來聽講，我覺得這是一個光明所在，我希望在座的諸位在目前的情形下要在各人自己的崗位上努力！我雖住在鄉下，但是很想以後時常來聽。

(3)牟先生：剛才勞先生的補充令人愉快之至。大家要想想明白具體的解悟的實例，我願推薦最近民主潮月刊上勞先生一篇「秦論」的大文給大家一讀。

十一、無可奈何的缺憾

(一)各位會友，今天是我們人文友會第十一次的聚會，我們自有友會以來，精神很好，上次聚會恰好是國曆元旦（上次聚會，僅複習前講與自由交談，未做記錄，亦不計入會次），離開不遠的禮堂上雖在唱大戲，可是大家並不往顧，依舊是興趣盎然的聽講，而我倒是有時隨便一點，這就是師友夾持。這個意思，我在這裡提一提，是說這種氣象是很不容易的，務須常常保持。以後大家到別的地方，必須知道取友。朋友雖不可濫，但益友絕不可少。如無益友，則學問很難進步。以熊先生說，他老年就有梁漱溟先生等幾位老友。有些人雖已在社會上成大名，但是並沒有真朋友，老年人無朋友，也是可悲哀的。取友須有眼識，認得真。在今年這最後一次聚會裡，我想說兩點意思：一是結論方面的，一是未來方面的（即將來向那一方面開展）。

關於結論方面，不是指所講的內容，而是指我們做人的態度、志氣、精神生活、文化意識，以及客觀情緒。我想，人生總是有缺陷的，生在這個時代，尤有缺陷，有些人稱讚缺陷之美，但我在這裡說的，乃是指的令人無可奈何的部份，這是天生的，好像基督教說的原罪一樣，這需要補救，才能無缺。假定我們生來有三樂（父母俱存，兄弟無故，一樂也；仰不愧於天，俯不怍於人，二樂也；得天下英才而教育之，三樂也）而且天賦的身體、智力、相貌等均好，衣食不愁，情感意志亦能平均發展，那麼這可算是特別幸運，生而無憾。可是有些人就不是這樣，總有許多缺陷，不能圓滿，還有些人根本無一面之長，身體精神方面均不行，這真是可憐

蟲，由此可見得人生是有限的，佛弟子常說：「人身難得，中國難生，佛法難聞，生死難了。」我想，我們既生而為人，又為中國人，這已是難得了，但缺憾總是不可免。「水滸傳」上的武大郎，是一個大缺陷，極其可憐。我們這些人並不像他，總比他好。但是生在這個虛無的大時代，想想真有無可奈何之嘆，這時代整個兒是個荒涼！我們講講這個，反過來就要求個無所憾。我們從人生本質缺陷的了解，反過來要有精神的奮鬥，以求無憾，然而古今中外，誰才稱得上是這種無憾的人呢？我想就是孟子。（這裡不舉孔子為例，因孔子已超過了缺陷與不缺陷的境界。）我們要以孟子為標準，要效法孟子。他如泰山一樣，所謂「泰山巖巖」。諸位如感到自己一無所有，即是在自己身上已落實。反過來，翻上來，學孟子，如泰山巖巖。這個時代本來是個大缺陷，全垮了。我們要有志氣，要知道自己本身有大缺陷，再知道時代的大缺陷，那麼必須先求自己無缺陷，無所憾，如泰山一樣，泰山雖不太高，但它有個大氣象，錢賓四先生曾謂泰山上的石頭個個是方方正正，一大塊一大塊的，落墨不多，天然有個氣象，並無許多曲折。就好像孟子。宋儒通過泰山來了解孟子，錢先生此話是通過孟子來了解泰山。我們從這裡來了解一個無憾。要作到像孟子泰山那樣的無憾，我們要落實從日常生活上步步作去。譬如讀書須讀堂堂正正的書，即讀幾本重要的經典。即走堂堂正正的大路，不要走小路，古今來的學問綱領，並沒有好多，多的只是枝葉。至於寫文章呢，也不要走小路，即用辭行文，第一不要尖酸刻薄，不要玩聰明出花樣露輕薄。古人都重典雅，保持相當的體統，民國以來，都把體統打掉了，第一個是吳稚暉先生，他的文章是丑角的文章，不可學，其次是五四運動打中國的老文化，罵孔子為孔老二，罵鄭玄為鄭呆子，輕薄之至。再科玄論戰，更是引用下流的字

眼相嘲罵，以致共產黨出來，尤其極刻薄之能事，經過這幾次的演變，大家司空見慣，到了現在，一般報章雜誌的文章，都是譏諷、刻薄、出小花樣。我們的會友絕不要染這種習氣，要講就大聲的講，不要尖酸刻薄的罵人。君子存心忠厚，講是非不可不嚴，但不可尖酸刻薄。假使罵人弄久了，以為天下的正氣都在我這裡，那就是自己先已受病。從前鄭板橋曾說：「題高則詩高，題矮則詩矮。」我們現在寫文，要以此存心，以此落墨，才不傷自己，不傷家國。假使寫文的人沒有尖酸刻薄的心，則天下就好了。現在就要從我們開始。的確有很多的人，口唇天天在動，常常在動，可是都是些廢話，所謂「言不及義」。我有時對有些人來訪，我又不回拜，好像沒有禮貌，其實我即在避免無聊，我實在沒有那無聊的心情和工夫去說那無聊的廢話，現在做官的人，卻偏偏要善於無聊，到處說假話。我們並不是說天天板著面孔作聖人，但總不要油腔滑調，總要有點界限。佛家說「身、語、意三業」，所以說話不可隨便。並不是說要大家「三緘其口學金人」。乃是說我們要說就要有真是非，真性情，不無聊。如果嘻嘻哈哈的無聊弄久了，就變成了輕薄。我從前在北大讀書的時候，第一次在公園中見到　熊先生，他那時身體不好，戴了頂瓜皮帽子，像一位走方郎中，大家當時也在閒談，總是說些不相干的話，忽然他大聲地說：「當今講晚周諸子，只有我熊十力一人！」他這種話，即表示他的不凡，他能不耐煩無聊而挑破它，這即是豪傑。我當時直覺得他是在發獅子吼。我們曉得人的聰明，本來差不了好多，他能挑破，即非凡人，不能挑破，即是凡人。我們不要無聊說廢話，自己不無聊，不說廢話，能挑破，便是自己能截然煞得住，這便是透了一個真是非，真性情。為自己立規矩，為社

會立界限，這便是「敬以直內，義以方外。」。此即所謂方正。說大了，即是大方大正。大方大正：這是

對症下藥，對治這個時代的第一訣竅。大家現在天天忙，卻天天在耍小花樣，陷在曲溝裡，一

點沒有用。我們要挽救這時代，必須「大方大正」！對付共產黨也非如此不可！大方大正是最

簡單的路，是最易走的路。人能如此，即可以無憾，而精神飽滿。我們看孟子永遠看不出萎縮

的樣子來，只見到光輝、精神！所以我常以三語說他：「滿腔是文化理想，通體是光輝，樹立

道德主體之孟子。」我們有時對一複雜的問題很難解決，但一轉至另一境界，幾句話則可解

決，這要看自己的智慧如何，精神如何，對僵局能不能挑破？——以上所說的是在這年終希望

大家要求一個無憾，要學孟子！古人說：「人生得一知己，可以無憾。」我今天所說的，不是

指這個，而是指自己本身的無憾。

(二)再說我們的友會將來向那一方面發展的問題。最近張君勱先生著了一本書叫做「中日陽

明學比較」，從美國寄回來託我看一遍，然後發表。他引日人的話認陽明學有兩方面：(1)事

業：(2)狂禪（日人稱枯禪）。日本陽明學，得其事業一面，中國陽明學得其枯禪一面。張先生

的書即根據這兩點意思寫的。日人以王學開國維新（如吉田松陰、西鄉隆盛、伊藤博文，均因

王學事業一面之影響而有助於國家。）在中國卻向狂禪方面發展，竟致明朝亡國，而忽略了事

業的一面。張先生叫我看了後，做篇序，我不敢為前輩做序，只做了篇校後記，我以為日人之

所以能有開國維新的事功，乃在其有積極殉道的精神，能忠於真美善之Idea，即有其超越的精

神（西方人超越的精神最好），不過日人在此的超越是日人的情調。殉道必須有超越的精神才

行，日人的殉道是積極的，是自己創一個環境來殉，如西鄉隆盛、吉田松陰等。至中國人就缺

這種超越的精神。儒家的好處在這裡，毛病也在這裡，除超越的精神一點外，日本的歷史發展至明治，有了客觀理想，出現了時代的公共問題，為了解決這公共問題，就有這客觀理想，於是產生了客觀精神。因為有了客觀問題客觀理想，一定會產生客觀精神。現在我們所處的時代有客觀問題，但客觀理想客觀精神總不出現，大家講自由民主，只變成了享受的自由民主。所以只是一們二千年來社會形態，政治形態未變，所以時代中客觀問題，客觀理想不易形成。所以只是一治一亂的重複，至於草莽英雄的打天下，這並不是具備客觀理想解決客觀問題。王陽明講學，首先反朱子，他要講轉移風氣，一落到風氣上，即落在個人的道德人格上。至其弟子，如王龍溪及泰州學派，就變成狂禪，聖賢之教，既不精純，而事業亦不出現。中國所缺的是客觀精神與超越精神。自從春秋時墨子反儒家起，就講事功，後來法家也講事功（法家並不代表事功，以後再講）。南宋有浙東學派亦講事功。明末王船山、顧亭林、顏李學派，皆反王學，重事功（船山稍特別，與顧顏李不同）。乾嘉年間的考據，亦是要事功致用的變形。民國以來，講科學乃至科學方法，亦是要求事功致用。可見在中國文化生命裡，自墨子起直至今日的胡適之，總有一要求事功的暗流。但要求事功是一回事，而事功精神又是一回事。只知要求事功，而事功精神實不具備，故事功總出不來。為什麼如此，即是中國缺乏客觀精神和超越精神。這些年來學科學的都做官，做校長，現在要提倡科學，就當該去做物理學家化學家，為何要去做官做校長呢？按王學本來就有實踐在內，為什麼發展至後來變為枯禪呢？這由於王艮王龍溪等人對王學肯要處未能握得住。王艮等人都是怪人，都有俠氣，有浪漫精神，做大事業本來該有俠氣與浪漫精神，其所以不能成事功，即在其缺乏客觀精神與超越精神。因此，我們將來所要

注意的，即是了解我們中國學問的長處和短處。然後求一大的事功，不是求自己的事功，這是很重要的。有了這個，我們才能生存，否則我們也活不下去。我們將來即順著這一方面講下去，使大家有一了解。今天所講的，大體即是這樣。

討論：

(一)吳　璵問：中國過去的法家重客觀精神，而現在亦重法治，但先生卻說現在出不來客觀精神，這是否有矛盾？

先生曰：我剛才已經講過，客觀精神須有客觀理想才能出現，而客觀理想的發生，又須有客觀問題。中國的社會幾千年來，都是一治一亂的反覆，其社會形態政治形態根本未變，所以一直缺乏客觀精神，過去的法家不能代表這種客觀精神，現在的法治是指民主政治言，與以前法家的法治不同，而民主政治之出現，正是要靠客觀精神，這正是我們今日所要求實現的。要想出現民主政治與科學，非先有客觀精神不可。

(二)牟其霖問：我覺得我們中國現在好像有一種外在的力量在束縛著我們，或有一種學術風氣在為大家洩氣。照道理講，現在正在反共抗俄，已有理想，為什麼不能有客觀精神出來？

先生曰：任何力量不能束縛我們，只有自己束縛自己。至於學術風氣的洩氣，實在是有點，不過這只要加以疏導就行了。所謂理想，是要將問題歸到自己本身，再從自己的生命裡湧現出來，有其自立之道，不是對刺激的直接反應。直接反應，只是被動，不是理想。我們現在這裡就因為沒有理想，只是直接反應而已。現在我們都僵化在這裡，糾纏在這裡，精神透不出來，這是個很大的問題。

十二、時代使命與文化意識

各位會友，今天是我們人文友會第十二次的聚會，我們現在已引出了好多觀念，牽連的問題也越來越多。例如上次的記錄第二段內所牽連的問題就很多。以後須慢慢的說出來。中國的儒家講內聖外王，但始終在外王方面總是不夠。又自墨子以至胡適之先生均在講事功，但結果事功出不來。這究竟是什麼緣故，必須徹底反省一下。墨子當初講事功，反禮文，但他的學問早已完了，還不如儒家講禮文的耐久。這些問題本來不大好講，但是我們現在又不可不弄明白。好在我們這裡不像上課，不求近功，只要有所薰習，有所引發。要想徹底了解，必須多學習多閱歷，這是疏通致遠的工作。現在大家要在這裡將精神凝聚一下，發一個大願望（這一時代是個整個的垮），在理智方面揮擴一下（即在思想上開擴一下）。但不是如近人學西方哲學那樣專作理智的遊戲，而是要在道德實踐上，文化理想上能引起思考的興趣。舊年年底唐君毅先生來信，對我們這裡友會的講法，很推崇，很讚許，認為已可穩得住，已可納入一條軌道。但他從我們討論的問題內容方面，又知道大家對問題並未能深刻的接觸到，即對於問題裡艱難的意思不夠；即未真能通過其艱難而透出來。我現在在這裡把唐先生的意思轉告大家，希望大家注意一下。大家須知道在這裡聽講，只是作為薰習，並不要馬上對這些問題都能透徹，即是提出問題也不容易。雖是講哲學的人並不見得都對問題真了解。或者具有理想。我現在的講法，已撇開哲學的窠臼。為了接引各方面的人，使大家均有一個理想，我想來想去，認為只有

· 58 ·

從文化意識講進去，才能引起客觀意識，有普遍性、客觀性。我國從孔子起，即是文化意識強。「文王既歿，文不在茲乎？」「天將以夫子為木鐸。」「吾非斯人之徒與而誰與！」這些話都表示其對時代的擔當。孟子的文化意識也是一樣強烈。宋明理學即是從文化意識中提鍊出來的原則。北宋初期的儒者即是從強烈的文化意識開始。孫泰山、石徂徠、胡安定三人講春秋，重夷夏之辨，轉而闢佛老，具民族意識，重文化意識（如韓愈一樣）。後來周濂溪和二程（程明道、程伊川）即從這大括弧收縮進來向核心講。於是從心性方面辨儒佛。及至朱子，中間相距已近百年，因為收縮得久了，所以最初的文化意識已漸漸渾忘。例如朱子注「文王既歿，文不在茲乎？」一段云：言文不言道，是夫子之謙辭。在朱子的意識裡，道比文更精微更高遠，所以認孔子只說文不說道是謙辭。這顯然不妥。須知文是綜合的，比道還難。道是形而上的真實（形而上者謂之道），從文向裡收提鍊出來的。而文則是道與器之綜合。故孔子說文不在茲，實在表示其歷史文化的意識與擔負。朱子順二程向裡收，浸潤於形而上的道之思維久了，遂認文為粗末。向裡收而至於精微當然是必要的一步發展。所以目前這個時代講真學問，理智的思考久了，易使文化意識淡。近時讀哲學的很表現這個流弊。但不要忘了文化意識。舉個例子來說，如愛因斯坦曾說：「亞歷山大可以不知，牛頓的三大定律不可不知。」這就是說他的文化意識很淡薄，只注重了科學。我們現在要以「時代使命」和「文化意識」二者來確定先立學問。理智的說：「士尚志。」又說：「先立乎其大者，則其小者弗能奪也。」陸象山亦講「先立其大」。孟子朱子當年請陸象山在鵝湖講「君子喻於義，小人喻於利」（即義利之辨），聽講的人很多痛哭

流涕。這徹頭徹尾是個道德的意識。但在我們這個時代，單以道德的意識來表現已是不夠。（陸象山時已不太夠。）所以現在先從「時代使命」和「文化意識」二者，立志，立其大，把生命開開。然後即可有陸象山所謂「六經注我」的氣象。陸象山當時是平地拔起，四無傍依。在現在看起來不免孤。所以現在若完全依照他那個方式進行，很少能接得上，當得起。所以依託在時代使命與文化意識上才不孤。這便是我們今日講尚志，立其大的切實入路。

這個時代是古今來一大變，不可白白的過去。當年宋明理學家對付佛老，還是那樣強烈，我們現在對付共產黨比起關佛老來關係要大得多了！這是個天翻地覆的時代，一切標準都沒有了。這個時代講人文很難，但亦正其時也。從大處說，十九、二十世紀以來，從中國說，三、四十年來，為什麼成功反人文的現象？這後面實有一種趣味上的根據。不過此種趣味是相當高的。這個時代，大家只對自然有興趣，對人文則不感興趣。自然與人文是對立的。凡研究或欣賞自然，其後面的精神都是「量」的，講人文則是「質」的。質的，保住價值，量的，則泯滅價值。（或是否定的泯滅，或是超化的泯滅。）大家最初是質的，以後向量的方面發展，是一解放：現在再回過頭來走向質的方面，是再解放。文化上總是有兩條流：一是質的；一是量的。二者總是翻來覆去。我們以後希望步步把它講明。今天因為唐先生的話，所以講這點意思。使大家對「時代使命」和「文化意識」的重要，更多一番認識。

十三、自然與文化的對立

各位會友，今天是我們人文友會第十三次的聚會。上次的講詞主要的意思是要以「時代使命」與「文化意識」來確定「先立其大」的意義。如此比較容易把握一點。最後一段提到十九、二十世紀（中國近三、四十年）以來，成為反人文的現象，其原因即在傾向於自然的興趣太濃。而自然與文化是對立的，現在要扭轉回來，就要加強文化意識。照道理講，目前講文化意識，可謂正當其時，再加上對付共產黨，尤為迫切需要。不過人的習性陷溺於自然之欣趣，一下子很不容易超拔出來，而且欣趣自然的後面有其美學的興趣在鼓舞，這便是其內在的精神力。今天就講這自然與文化的對立。

傾向自然，發展至相當的階段，雖會墮落，但亦有其成就。它後面的精神，是量的精神。這也可說是一步解放。什麼時候這量的精神才出現，而可以算是一步解放呢？須知質的世界，乃價值世界。在價值世界裡，任何觀念、理想，必求實現。一實現，則與現實牽連。於是此種觀念、理想即為現實所限，而打折扣。觀念理想都表現一真理，一精神內容。及其一旦現實了，而且久而生弊，則人們即對之只作現實觀，不復知此中有一真理，有一精神內容。即當質的世界發展至此階段時，量的精神才出現，因而對質的世界之墮落言，才可以說是一步解放。人文世界與價值世界，若不從定義上講，單從內容上點出來，則有三大綱：㈠家庭，㈡國家，㈢天下。家庭下有三目：一、父子，二、兄弟，三、夫婦。（夫婦與男女不同，男女非倫，夫

婦乃是一倫。）這是人文世界的觀念與真理。不是自然世界的事。再從國家來說，也有其目，

如社會、政治、經濟、法律等，這都是人文世界的，不是自然世界的。至於天下，即所謂大

同。也不是自然有的，只是人文世界，價值世界才有。凡人文的，總是含有

人的成分，「人為」也是與「自然」對立的。人為本沒有什麼壞。它是於人性中有真實根據

的。但只作現實觀，人們也見不出它在人性中的真實性。如是依老子說來，卻認為凡人為即有

不好的意思。我們現在從人文世界的質的地方說，其根源乃人之心性。故心性為人文世界與價

值世界之根源。但因為觀念與理想一落現實，而發生流弊，則專作現實觀。於是大家又反現

實，因反現實，即會把觀念理想，即現實中的真理性一概抹殺，例如中國近代的反對大家庭

制，從易卜生之「那拉出走」起，一直認為家庭都是封建的。及至共產黨出來，則完全從自然

的立場來看家庭。認為家庭是封建的產物，是家長用以壓迫子女的工具，只有罪惡，毫無意

義，於是完全予以否定。他們有三個觀念來拆散家庭：㈠生物的、㈡經濟的、㈢政治的。這是

現實作現實觀，而且只觀現實上的毛病。於是連根拔起，這是他們破壞家庭所根據的基本理

由。一般人認識這就是真理，大家風從，以為時髦。至於國家，亦僅作現實看，不從其價值上

看。認為國家是統治階級壓迫被統治階級的工具，是因階級對立而出現。因此認國家為罪惡，

既為罪惡，當該取消。（現在我們自由中國，還很少有人真實肯定國家，即是與共產黨一樣的

觀念。）國家代表主權，行使主權者為政府，如政府不好，即牽連於國家，以為國家全為罪惡

之所在地。馬克思認為國家由階級對立而出現。階級一取消，國家即應取消。現在大家在這裡

如對國家仍無真實的肯定，則根本不能反共！今天大家都怕講國家。講自由，只承認個人自

由，不肯講國家自由。其後面的意思，即是討厭國家。共產黨看了我們這種情形，必定暗暗喝采。總之，這多年來的精神，都是否定家庭與國家而嚮往大同。一般人所嚮往的大同，都是把家庭與國家否定了的大同。好多大人物，如康有為、吳稚暉、章太炎（康是純社會主義，吳是無政府主義，章是根據佛教教義講大同，認家庭、國家等都是和合假，這些人可說都是共產黨的前驅。大家想想，將家庭與國家抹殺後的大同，是個什麼大同？康有為認為家庭是爭亂之源，他的大同書上說，夫婦同居不得超過一年，兒女應該公育，人死了，應該燒成灰做肥料，這都是以量的觀念觀人，不認人是有情感意志德性的人格存在，只認為是一個吃麵包的動物，是一架機器，可以任意拆散與佈置。家庭如此，國家也是如此。有了國家就要打仗，所以將家庭國家一拆散，大同即出現了。你想這成了什麼大同？這種量的精神是起來否定質的世界，去掉差別。而質的世界（價值世界）一定要保存差別，並分等級，成立種種建構，各有限制。孟子當年批評楊墨說：「楊子為我，是無君也。墨子兼愛，是無父也。無父無君，是禽獸也。」他的主要意思即在反對楊墨抹殺價值世界的層級，而要保存價值觀念。我們一說到精神世界，價值世界，就必定有差別、限制。這在無毛病時，沒有問題，一有毛病，則這些建構，就都成了破壞的對象。草命者首先要打掉這些建構，然後才能革命。共產黨採取唯物論來剷平這些差別與限制。這是量的精神，清一色的物質世界。盧梭說：「返回自然（Re-turn to nature）。」張宗昌說：「人在洗澡時都是一樣。」這都是說人在「自然人」的一面沒有差別。道家亦是量的精神，傾向自然。盧梭與道家是浪漫的自然主義。粗一點，則是唯物論，其實都是相同的。以上所講的這些都是傾向於物質的自然。只有量的精神而沒有質的精

· 63 ·

神，只承認自然世界，而不承認價值世界。須知傾向物質與自然的量的精神，也有它消極的好

處，復有其足以吸引人處。它的消極的好處是使人觀普遍的機械的有定的必然系統，可以無驚

怖，無傲慢，看一切都是一樣，人在這個機械的必然系統中，不過是一個螺絲釘，渺小得很。

如是人反可以安心了。至於它的足以吸引人處，是因為它函有一種衝破的浪漫的精神，它表示

從限制差別中解放出來，使人把握一個「純量的普遍性（Quantitative universalit）。我們知

道凡是代表普遍性者，都是高級的靈魂，所以能吸引人。唯物論雖是異端，但終成一端，同樣

的能吸引人。正因此故，所謂美，有質的美，也有量的美，欣賞量的美有些時比欣賞質的美還

更要灑脫曠大。有很多人偏喜狂風暴雨，臭水與混沌（Chaos），這對質的世界說，即是一種

解放。解放的結果，則是對價值世界，人文世界的破壞，形成虛無主義。如要扭轉，必須再來

一次解放。對於質的世界重新提鍊肯定而來的解放。在中國文化史上說，宋明理學即代表這精

神。宋明理學出來，即在重新認識現實中的真理與意義，而予以定然的肯定，因此不得不關佛

老。理學家這樣透進一步一講，在聰明才智之士看來，認為可以寄託生命，於是一個個跟著走

進來。故理學與而佛學衰。程明道說：「居處恭，執事敬，與人忠，此是徹上徹下語，聖人原

無二語。」居處、執事、與人來往，這都是現實的生活，甚是平常。但經過程明道這樣一說，

就使人眼睛一亮，把一切看成是有意義的有真理於其中。這樣現實不只是現實，而是生龍活

虎，朝氣蓬勃。此即所謂「天地變化草木蕃」。我們現在也須有這種精神，重新活轉一下，開

闢一個新的質的世界。須知人文世界乃是從道德的心靈創造出來的。今天我所講的是從外部來

了解人文世界，價值世界。下次再從內部來講。

十四、質的世界之根源：心性之學

各位會友，上次講自然與文化對立。傾向自然，其背後的精神，是量的精神。質的世界是價值世界。就其客觀化日久生弊而言，量的精神之轉出，確是一步解放。然而從十九、二十世紀（從中國說，這三、四十年）以來，傾向自然的興趣太濃，成為反人文的現象，一切標準都沒有了，大家把觀念、理想，即現實中的真理性一概抹殺，這又成一個墮落。必須重新活轉，開闢一個新的質的世界，今天再從內部來講。

質的世界是價值世界，它的根源在於道德心性。這裡逼迫著我們必然要談心性。大家不要再學著流俗一樣來譏諷心性。過去有人譏諷理學家說：「無事袖手談心性，臨難一死報君王。」好像理學家只能空談心性，毫無用處。須知談心性，正是開闢價值之源。心性是人文世界的總根源。心性之學，在過去發展至王陽明已到精微之境。所以我們現在願就王學一說。由於中國王學發展的結果，成為狂禪（日本人稱為枯禪），因此大家對王學發生懷疑。似乎只能空談心性，而無實際事功可說。日本接受王學，發展成事功，以王學來開國維新（如吉田松陰、西鄉隆盛、伊藤博文等），均得王學事功的一面，有助於國家。所以王學本有兩面，其本體的一面，即是心的靈明；另一面是行動，可以成事功。在中國發展成為狂禪，這是由於中國王學表現得不好。其故安在？在這裡，我要大體說說。中國在事功的精神上本是欠缺的。（中國人有道德精神與藝術精神，而缺乏事功精神。）儒家講內聖外王，內聖講得非常透，但外王

卻始終不夠，亦即是事功精神不夠。中國從墨子起即講事功，後來法家亦講事功（實則法家亦不代表事功）。南宋的浙東學派很注重事功，明末王船山、顧亭林，以及顏習齋等皆反王學，講事功，乾嘉以後的考據，亦是要求事功的變形，民國以來，如胡適之等，重科學方法，科學精神亦是要求事功的。但是從墨子到胡適之，始終沒有表現事功。這是由於中國文化中客觀精神不曾出現，故事功出不來。（我很想把這道理加以說明，專文論之。但始終沒有寫成。）所以從中國歷史看，客觀精神出不出現，不能講事功。要求事功是一回事，事功精神又是一回事。

王學發展成狂禪，不表現事功，其緣故正可得而言。

心性之學中所講的心性，不是從普通習慣生活的心性說。比如說，此人品性很好，很能遵守社會規矩。這只能說此人能遵守現實風俗習慣，而表現為個人的好行為；不是理學家所講的道德心性。道德心性亦不是一般人習氣生活中的良心，只是說從道德心性，可以有良心這個概念，並不是良心即是道德心性或良知。理學家講心性，是要從現實人生衝破束縛來講覺悟，大徹大悟，和宗教家講重生一樣，即從父母給予的自然生命，重新表現，作再度的和諧。父母給予我一個生命，自己從徹底的衝破中，找到另一個生命。即如師生間以慧命相承續，師長給我另一個生命。把牽連在現實中的生命，激盪一下，把糾纏的雜染完全剖剝掉，透出真正的「我」來，如海底湧紅輪，成為重生，成為再度和諧，如此，才能講理學家的心性之學。這裡牽涉到覺悟問題，即如何從混沌不分的自然生命中衝出來，透現道德心靈。在現實中，生命是混沌的。從混沌中提鍊出真實的生命，即透現道德心性，這是價值，理想的總根源。（價值、理想不從未來看，從道德心性的根源上發。）中國的理學家都如此，而王陽明更收到一點（即

良知）上，再從這一點指點出來。這是生命的一個大扭轉，大覺悟，如是才能翻上來。

王陽明起初泛濫於詞章，後來覺得詞章藝能不足以通大道。於是轉過來讀朱子的書，循朱子格物的路子走，今日格一物，明日格一物，毫無結果，因歎做聖人是不容易的。因知外物是外物，吾物窮理，理在外，心在內，吾心與物理，始終判而為二，始終不能合一。因朱子的即心是吾心，儘管對外物之理了解甚多，亦與做聖人無關。失望頗久，又轉而學習佛老之學，遂有遺世入山之意。後築室陽明洞，行導引術，成為先知，又知此是簸弄精神，並非大道。遂悟佛老之非，盡棄所學。經幾度變故；在貶謫龍場的大打擊中，正如孟子所說，行拂亂其所為，所以動心忍性，得失榮辱完全忘去，只有生死一念尚覺未化，但亦發誓俟命而已。一切放下，一放百放，在現實中一無所有，把包袱完全摔掉，故能海底湧紅輪，而揭示良知的學問。據年譜記載，忽於中夜寤寐中，若有人語之者，不覺呼躍，驚動從人。這不是什麼神秘，而是事實，因其能徹底翻騰，始能大徹大悟，對於大學致知格物之本意，一悟到底，一透到頂，無人我之分，亦無物我之限，一透即成蓋天蓋地，即把握其普遍性。在這蓋天蓋地的普遍性裡，心與理合而為一。

良知是從心的整體上說。表現心的一面，須從虛靈明覺處了解；其另一面須從天理的意義了解。天理是非常重要的，王陽明講良知，總要帶上天理二字。程明道說：「吾學雖有受授，然天理二字卻是自家體貼出來。」我國過去講天秩、天序、天命、天倫、天討等，都是天理，都是道德的意義的。故良知之天理是道德的，不在對外物知識的多寡；而是在於道德心靈的徹悟。王陽明悟出良知，指點良知天理，不只在於心的虛靈明覺（佛老的心，亦有虛靈明覺的意

義，但無天理，不能與儒家的並講）。除虛靈明覺以外，還有天理的一面。良知指點心的虛靈明覺，必須帶上天理，即天理亦在心的虛靈明覺中透，在心的虛靈明覺中表現出來。故良知一面表心的靈明；一面表天理。

王學是心學，心即理，故亦為理學，其要點在於致吾心良知之天理於事事物物，然後事事物物皆得其正。然而在中國，王學的發展，何以會成狂禪？成為空談心性？這在他的弟子應該負責的。王門弟子如王龍溪，只把握良知靈明的一面，未把握其天理的一面。（靈明是圓的、虛的，理是方的、實的。）黃宗羲批評王龍溪說：「任一點虛靈知覺之氣，縱橫自在，頭頭明顯，不離著於一處，幾何而不蹈佛氏之坑塹也哉？」確是很恰當的。撇開天理，專講靈明，與佛老講心無異，一切玄談均由此出。因此，他們不如程朱，亦不如陸王，因為程朱雖於心講的不甚透，然把握天理很緊。陸王（尤其是王）兩方面同時把握，成為心理合一。然王龍溪則未免蕩矣。至於泰州學派的王艮，是一個怪人，聽到陽明在江西講學，以布衣冠見，第一次以客禮自居，第二次居右，第三次始執弟子禮。見過幾次以後，始自認「簡易直截，艮不及也」。從此以後，其教學亦重簡易，重直接指點。以活潑、快樂與自然三個觀念為講學宗旨，即以全體放下，日用平常，為指點的方法。這與禪宗的指點方法很相像了。這不能說完全錯誤，因為活潑，快樂與自然是從現實的牽連束縛中解放出來的第一步工夫，亦即代表第一階段的浪漫精神。人須能從現實的牽連束縛中解放出來，才能大覺悟、大灑脫。但這只是一種否定精神，它的好處僅在去掉一切糾葛，使本身空無所有；而只循這種精神下去，對天理這一面無積極的把握，成為儒佛混流，即不能積極地開出人文世界，只能成為空靈的玄談，和魏晉人清談一樣。

本來這些有熱情、有俠氣、有浪漫精神的人物，是可以做大事的。戲劇性的精神與散文的精神都可作事。而泰州門下顏山農一派即富於這種戲劇性的精神。然而也們只能成狂禪，未能成事功。這從王學本身講，他們只把握了靈明一面，未把握天理一面；只把握了灑脫一面，未把握灑脫以後積極建構一面。從歷史文化方面說，在中國儒家思想的發展中本不甚能表現客觀精神與超越精神，而社會形態亦不甚能形成客觀問題與客觀理想。所以泰州學派的戲劇性的精神亦不能表現事功，而只能成為狂禪。

現在我們必須把握住兩點：第一，衝破現實的糾葛和牽連，從生命的本身來一個大翻轉，從海底湧出紅輪。這是說覺悟。第二，把握時代使命，由客觀問題形成客觀理想。這是說事業。欲了解道德心性，不能光注意靈明的一面，必須帶上天理。因為這是積極建構精神之所本，而人文世界的開出，亦從這裡開始。

十五、王學的歧出

(一)各位會友，今天是我們人文友會第十五次聚會，今天本想講點原料，幫助大家了解，看看古人的講法，總是有一條理路，我所找的是黃宗羲論王陽明、王龍溪、和泰州學派各一段，再加上陳白沙一段，共有四段，這裡面都有確定的觀念，看了原文，自會知道，現在這四段還沒印好，且先大體的講一講。

(二)黃宗羲論王陽明學問的成長，可分幾個階段：(1)學成前——(1)學詞章，(2)學佛老，(3)歸宗於儒。(II)學成後——

(1)主靜　從靜的工夫上入手，以收斂為主，發散是不得已，去混雜，求鎮定，有些人在靜坐中入魔或起光景（靜坐時細微一點就起光景，此為相當高的境界中之魔），學道過程中有「玩弄光景，簸弄精神，氣魄承當」三句話，此三句話，都是學道的毛病。靜坐即是澄清一下子，將清明的東西浮上來，清明是就心說。靜坐即觀心，觀清明之心，唯在觀心中，則以心為對象，其實心不能做對象。心乃永遠為主體而落實，若將其推出去作為客體，則所觀之明覺之心，乃心之影子，故為「光景」。這非拆穿不可。心只能做主體，不能做客體。拆穿光景之法，即在踐「仁」。但「仁」亦不能作客體，否則又成光景。仁必須表現，仁即主體的心。若將心推出去為客體，則心此時以自己觀自己，自身起一主客的分裂，而其自己之動用表現，則

只為一「智及」，其所及之對象，即其自己之推出去而為客體，故此客體為影子為光景。必須攝「智」歸於「仁」，「光景」才能拆穿。「仁」才能表現，始可落實。

(2)「致良知」　王陽明於五十歲在江西時，始正式提出「致良知」。他講「致良知」、「知行合一」即在拆穿光景。

(3)「居越」以後，所操益熟，所得益化。他的一切，整個兒是本心呈露，更無假借湊泊。蓋已至純熟化境。黃宗羲於述完陽明之經過而總論之曰：「儒釋界限只一理字。……點出心之所以為心，不在明覺而在天理，金鏡已墜而復收，遂使儒釋疆界，渺若山河。」可見黃氏已很中肯地見出陽明講良知之要點。天理二字，絕不能忘掉。可是後來王龍溪等專講知覺靈明一處，也不著一處，無時間相，無空間相，動靜合一，此種玄談，以龍溪為最擅長。所謂佛氏之坑塹，是說佛氏之「心」無「理」，只承認「心」是「虛靈明覺」。此為儒佛最大之別。陽明以下，餘如泰州學派等，都是佛儒混雜，帶有邪氣，與佛教禪宗最為接近。顏山農等都有「赤手搏龍蛇」的本事，任何樊籬都不能約束之，所以成「狂」。此由王艮所開之風氣所使然。泰州講學，以「自然」、「快樂」、「活潑」為主。這三者本是由工夫提鍊而來，是一步再度和諧的最高境界。倘非如此，則與「情識」混雜，所謂「自然」僅為自然生命之自然；所謂「快樂」，只是物欲滿足：所謂「活潑」，乃是恬不知恥。這全由「情識」鼓盪，並非真正

而忽其理之一面（陽明總講良知之天理），故出毛病。黃宗羲批評王龍溪說：「任一點虛靈知覺之氣，縱橫自在，頭頭明顯，不離著於一處，幾何而不蹈佛氏之坑塹也哉？」所謂虛靈知覺之氣，乃指心氣（生動、活潑），非指物氣（呆滯、混濁），所謂不離著於一處，即不離一處，也不著一處，無時間相，無空間相，動靜合一，此種玄談，以龍溪為最擅長。所謂佛氏

的自然、快樂、活潑。佛教要人將「識」轉而成「智」，即在消除這種毛病，否則所有的快樂

活潑，都不過是尋找刺激，交引日下而已。陽明所說的「良知」，必須經過一番大翻騰才算，

必須和情識分開，否則不是良知。自從泰州學派下來，即發生情識上的糾纏，這一點如不糾正

過來，則快樂活潑，卻成猖狂。順著猖狂發展的結果，則有怪物李卓吾出現，他批評孔孟，罵

聖人（他的著作後來都銷毀了），這是一種氾濫。所以後來有人罵王學，即因為出了這種毛病

的緣故。其實泰州學派所講的這種自然、灑脫、活潑，二程頗稱讚之，但亦有微詞，認其不免

於玩。（玩物喪志，玩世不恭，玩人喪德，一有玩總不好。）再周濂溪亦有此種境界，很自

然，很和氣，很恬淡，頗有山林氣，這是一種很高的境界，故易吸引人。

更向上追溯，則有曾點，所謂「風乎舞雩，詠而歸」這一條流，當該從曾點說起。理學家

講學，可做狂狷，頑固保守，表示硬性則可，但不可做名士。文學家蘇東坡，以文人而參禪

（名士禪），即是名士派，他是情識中人，程伊川最不喜歡他。而他也總認為道學

為偽學（偽如荀子所講之偽）去偽須從真，須順自然，所以他最反對程伊川，總是要打破

「敬」字，順乎自然，自然落在情識中，則為「直情徑行」，但這並非天理流行，故率真不能

夾雜。例如「水滸」中的李逵、魯智深等，即是情識中之率真，他們能衝破一切。這表面上看

來與道之境界很相似，可是實際上並非真的道之境界。朱子在臨終時說：「一生艱苦。」又

說：「天地生萬物，聖人應萬事，直而已矣。」但此直與李逵等之「直」，實相去懸殊。故泰

州學派以下的自然、快樂、活潑，結果卻變為狂禪。我們現在對付共產黨，不能庸俗。庸俗則

不能反共，如想翻上去，必須大徹大悟，要從庸俗中解放出來，超拔出來，這須把「天理」二

字抓住，成為理性的理想主義才行。尼采、叔本華等和現在的共產黨，如從其生活情調上說，不從其主張理論上說，皆可說是浪漫性的理想主義。在中國過去，如泰州這派，亦可說是浪漫的理想主義。現在這時代本很緊張，但大家卻悶在這裡。究其所以如此，即因無理。這最可悲。整個兒的知識份子，一切唯現實西方是視，同樣的是腐敗！現在的人變成沒有一點感覺，客觀問題擺在面前，所負的使命也很清楚，但是理想卻出不來，可見大家今日的頭腦已不行了。如有理想出來，即可成大事功！我在以前一次聚會中已經講過，有了客觀問題，時代使命，客觀理想，才能成事功。以上所講的自然、快樂、活潑這一層，具有很大的吸引力，大家看書務須當心，仔細辨認，不可走錯。

(三)現在再將「簸弄精神」、「氣魄承當」和「玩弄光景」三詞解釋一下：

(1) 簸弄精神

陽明學道，能先知，俟後即指出這是「簸弄精神」。先知是從心的靈明出，簸弄精神，即是高級的耍聰明，即是出小花樣。所謂聰明，乃在解決問題，克服困難，研究學理，要有表現，不在耍弄。有些文章看來很滑稽，很巧妙，但不是大文章，只不過是些浮華。一切要從真性情真生命中發出，即無耍。

(2) 氣魄承當

氣魄承當與義理承當不同。義理承當有：⑴當仁：以道自任，當仁不讓；⑵當事：貞固足以幹事。例如程朱陸王，皆是義理承當。李見羅，即屬氣魄承當，他雖然到處學「陽明」，可是一切卻和陽明差得很遠。又諸葛亮、曾國藩，亦皆義理承當。他們步步踏實，他們無浮誇之氣，無客氣。如吳佩孚、孫傳芳、張作霖等，當其走運時，確可揮擴得開，可是一到倒運時，則成大糊塗。所以過去要做大事的人，總要聽聽這些道理，現在的人，只求知識，附庸風雅。我們必須使一切落實，既不逃避，亦不僥倖，即是「以貞勝」。貞之後有理，即該不該。後面總有理為根據。世間真正的天才很難得，假使沒有真才，則須靠學問磨練，對出處進退，總須衡量，衡量即是審明事理，不是狡猾，否則只是氣魄承當，不是義理承當。

⑶ 玩弄光景

前面已經講過，茲不再贅。

仁厚謹按：

此處與上一講論及王門末流之弊，乃先生四十餘歲之見解。迨《心體與性體》、《從陸象山到劉蕺山》書出之後，其判斷已有所調整。祈讀者留意焉。

十六、古人講學的義法

各位會友，今天是我們人文友會第十六次聚會。我上次由王學講起，說到工夫過程中的毛病：一、玩弄光景，二、簸弄精神（亦曰簸弄精魂），三、氣魄承當。這是古人講學於真假相似之際所認識的重要關鍵，也可以說是重要法眼。（還有人禽之辨、義利之辨、夷夏之辨，這也是大節目，不可不知。）

又說到王學之所以歧出，乃在王龍溪之只講靈明，而忽視天理，以及泰州學派之以自然、快樂、活潑為主，而不免落於情識混雜。由此而說到儒家學問中，本有此一流，而且淵源流長，可自曾點說起。故朱子說「曾點不可學」。此一流，在儒家學問中，若藉佛家名詞說，便名曰「相似法流」。（玩弄光景，簸弄精魂，氣魄承當，都是相似法流。）其所嚮往的是一很高的境界，孔子亦說「成於樂」。然此談何容易。孔子說「成於樂」，必先之以「立於禮」。故此不可隨便輕道。否則，落於情識而不自知。這裡的毛病，可以說是聰明人高明人的毛病。似之而非也，故曰相似法流。（佛家說相似，亦有謬誤義。）這還是就儒學內部講。接不上這些法眼的，外轉而為陳同甫、戴東原，再外轉而為蘇東坡、袁中郎、袁子才，所謂「率吾性即道也。任吾情即性也」（其所謂「率性即道」，亦不是中庸所說的意思，直是「任情」而已。）

以上所說都是古人講學的重要關節，不能隨便混雜，亦不能隨便往下拖，不可直就情識上

自在，直從情識上立根基。諸位若了解了這一點，便可知黃宗羲論王陽明、王龍溪、泰州學派，以及陳白沙，各段文字之意義。此可見古人講學確有其義法。試看其論王陽明曰：

先生憫宋儒之後，學者以知識為知，謂人心之所有者，不過明覺，而理為天地萬物之所公共，故必窮盡天地萬物之理，然後吾心之明覺，與之渾合而無間。說是無內外，其實全靠外來聞見以填補其靈明者也。先生以聖人之學，心學也。心即理也。故於致知格物之訓，不得不言致吾心之天理於事事物物。以知識為知，則輕浮而不實。故必以力行為工夫。良知感應神速，無有等待。本心之明，即知，不欺本心之明，即行也。不得不言，知行合一，此其立言之大旨，不出於是。而或者以釋氏本心之說，頗近於心學。不知儒釋界限，只一理字。釋氏於天地萬物之理，一切置之度外，更不復講，而止守此明覺。世儒則不恃此明覺，而求理於天地萬物之間，所謂絕異。然其歸理於天地萬物，歸明覺於吾心，則一也。向外尋理，終是無源之水，無根之木。縱使合得本體上，已費轉手。故沿門乞火，與合眼見暗，相去不遠。點出心之所以為心，不在明覺，而在天理，金鏡已墜而復收，遂使儒釋疆界，渺若山河。此有目者所睹也。（明儒學案：姚江學案）

這段文字，涉及宋儒與佛教的，我們現在暫時可以不管。諸位只要看他說王學之精髓：

一、不能「歸理於天地萬物，歸明覺於吾心」。因為這樣是把心只看成是「明覺」，把天理拖出於心以外，此所謂析心與理為二，顯然不是王學「心即理」，「心外無理」之義。二、「心

之所以為心，不在明覺，而在天理。明覺與天理合一，天理即內在良知之明覺中。故陽明總說「良知之天理」。又說：「良知只是是非之心，是非只是個好惡。」此所謂好惡當然是「好善惡惡」，即孟子所謂「羞惡之心」。絕不是心理現象的喜歡不喜歡。此在古人已是共許。近人連此都忘了。陽明合是非好惡為一以言良知，即見天理即在良知。以上二義，黃宗羲認識的非常準。這絕不是各有各的説法問題。

假定了解此重要關頭，再看其論王龍溪曰：

愚案四句教法，考之陽明集中，並不經見。其説乃出於龍溪，則陽明未定之見，平日間嘗有是言，而未敢筆之於書，以滋學者之惑。至龍溪先生，始云四有之説，猥犯支離，勢必進之四無而後快。既無善惡，又何有心意知物？終必進之無心無意無知無物而後已。如此，則致良知三字，著在何處？先生獨悟其所謂無者，以為教外之別傳，而實也併無不立，善惡雙泯。任一點虛靈知覺之氣，縱橫自在，頭頭明顯，不離著於一處，幾何而不蹈佛氏之坑塹也哉？（明儒學案卷首：師説）

關於四有四無，吾嘗言之於「王陽明致良知教」中。大家可以取而仔細看看。現在只注意「任一點虛靈知覺之氣，縱橫自在，頭頭明顯，不離著於一處」這幾句。這表示龍溪只喜歡講「明覺」，而不喜歡講「天理」，確是事實。天理脱掉，只言明覺，其為「玄虛而蕩」，不可

免。劉蕺山云：「不失之情識，則失之玄虛。」龍溪失之「玄虛而蕩」，泰州則失之「情識而肆」。黃氏論泰州學派曰：

陽明先生之學，有泰州龍溪而風行天下，亦因泰州龍溪而漸失其傳，泰州龍溪時時不滿其師說，益啟瞿曇之秘而歸之師。蓋躋陽明而為禪矣。然龍溪之後，力量無過於龍溪者，又得江右為之救正，故不至十分決裂。泰州之後，其人多能赤手以搏龍蛇。傳至顏山農何心隱一派，遂復非名教之所能羈絡矣。顧端文曰：心隱輩坐在利欲膠漆盆中，所以能鼓動得人，只緣他一種聰明，亦自有不可到處。義以為非其聰明，正其學術之所謂祖師禪者，以作用見性。諸公掀翻天地，前不見有古人，後不見有來者。釋氏一棒一喝，當機橫行，放下柱杖，便如愚人一般。諸公赤身擔當，無有放下時節，故其害如是。

（明儒學案：泰州學案）

案此即自然、快樂、活潑、灑脫之流入「情識而肆」者。這是一種浪漫的精神而沒有反上來。由此思入，許多嚴蕭的魔障、外道，與夫正面的神聖，俱可得其解：尼采、希特勒、布爾什維克，亦不能外乎此。梨洲已說的很好。

其論王心齋（艮）仲子王東崖（襞）曰：

先生之學，以不犯手為妙。鳥啼花落，山峙川流，飢食渴飲，夏葛冬裘，至道無餘蘊

矣。充拓得開，則天地變化草木蕃，充拓不去，則天地閉賢人隱。今人才提學字，便起幾層意思。將議論講說之間，規矩戒嚴之際，工焉而心日勞，勤焉而動日拙。忍欲希名而誇好善，持念藏穢而謂改過。心神震動，血氣靡寧。不知原無一物，原自現成。但不礙其流行之體，真樂自見。學者，所以全其樂也。不樂則非學矣。此雖本於心齋樂學之歌，而龍溪之授受，亦不可誣也。（因陽明曾令其師事龍溪緒山）。白沙云：「色色信他本來，何用爾腳勞手攘？舞雩三三兩兩，正在勿忘勿助之間。曾點些兒活計，被龍溪打併出來，便都是鳶飛魚躍。若無孟子工夫，驟而語之以曾點見趣，一似說夢。」蓋自夫子川上一嘆，已將天理流行之體，一口併出，曾點見之而爲暮春，康節見之而爲元會運世。故言學不至於樂，不可謂之學。至明而爲白沙之籐蓑，心齋父子之提倡。是皆有味乎其言之。然而此處最難理會。稍差，便入狂蕩一路。所以朱子言曾點不可學。明道說：康節豪傑之士，根本不貼地。白沙亦有說夢之戒。細詳先生之學，未免猶在光景作活計也。」（泰州學案一）

案此即上面所說的儒學中之相似法流。「稍差，便入狂蕩一路」。此是失之情識。沉在下面的是情識，浮在上面的那些妙談都是光景。故云「未免猶在光景作活計也」。白沙雖有「說夢之戒」，然白沙亦喜妙說此境。故梨洲復論白沙云：

愚案前輩之論先生備矣。今請再訂之。學術疑似之際，先生學宗自然，而要歸於自得。

自得，故資深逢源，與鳶魚同一活潑，而還以握造化之樞機。可謂獨開門戶，超然不凡。至問所謂得，則曰靜中養出端倪。向求之典策，累年無所得，而一朝以靜坐得之，似與古人之言自得異。孟子曰：君子深造之以道。欲其自得之也。不聞其以自然得也。靜坐一機，無乃淺嘗而捷取之乎？自然而得者，不思而得，不勉而中，從容中道，聖人也。不聞其以靜坐得也。先生蓋亦得其所得而已矣。道本自然，人不可以智力與。才欲自然，便不自然。故曰：會得的，活潑潑地；不會得的，只是弄精魂。靜中養出端倪，不知果是何物？端倪云者，心可得而擬，口不可得而言。畢竟不離精魂者近是。今考先生證學諸語，大都說一段工夫高妙處不容湊泊。終是精魂作弄處。蓋先生識趣近濂溪，而窮理不遽：學術類康節，而受用太早，質之聖門，難免欲速見小之病者也，似禪非禪，不必論矣。」（明儒學案卷首：師說）

梨洲說東崖在光景中作活計，說白沙「畢竟不離精魂」，此皆講學中境界較高處之似是而非者。我現在引述這些意思，不是叫我們一下子認定白沙東崖皆不行。而是想叫我們了解這些學問中的義法。說到了解亦很難。第一關先能「解悟」了這些義法，於古人思想學術亦可不至亂講。至於說到真切了解，則非「證悟」不可。此與生活有關。望大家在這裡用一番真實心。

（附按：此講所引「明儒學案卷首：師說」，乃指黃梨洲之師劉蕺山之說。）

十七、王學的正解

各位會友，今天是我們友會第十七次聚會。上次發的劉蕺山語錄，大家必須帶來。以後還要講幾次，才可講明白。上次所講的是王學的末流，至泰州學派是根據曾點下來的一條流。以後關於王學的本身，須看王陽明致良知教。陸、王、程、朱是宋明學問的兩大系統。至劉蕺山又是一系統。這是儒家的內聖之學，即心性之學，至此而達最高峰。講內聖是向裡收斂，至將內部最細微之處都解剖出來，這才算是達到了最高峰。儒家的學問，孔、孟是第一期，宋明理學是第二期，我們現在眼前是第三期。我們必須通過以前的階段向外開，所以必須對過去兩期的學問加以了解。因為現在這個時代比以前更複雜，了解了這些，方可銜接起來。以後大家自己去找點書看看，就可明白。我們不是專講宋明理學。

孔子講仁，是從生活表現上講，不是從義理的分解來講。孟子講性善，則有一理路，是從仁義內在一方面講的，由惻隱之心見「仁」，由羞惡之心見「義」，由辭讓之心見「禮」，由是非之心見「智」，即從義理分解上講的。至宋、明再根據孟子的理路，從內聖工夫向前發展，所以有宋、明理學的出現。孔子只表現德慧，並未成為學問系統，必須有義理的分解，才能成為學問系統。程、朱從孟子之「性」講，將其擴大而為「理」，再由「理」而講「氣」。與朱子同時者有陸象山，他是異軍突起，朱子最推崇周、張、二程，他則對周、張、二程頗有微詞。朱子講學是通過孔、孟與周、張、二程，他卻不然，而是直接從孟子之「心」向裡進、

擴大。（孟子所謂之「心」，乃人生的道德之「心」。）所謂擴大之意，即不僅限於人生的道德的心，同時也是宇宙的心，即 Moral Mind 與 Cosmic Mind 是同一的，故曰心即理。（程、朱所講的是理而心未擴大，故心與理為二。）心與理皆是蓋天蓋地。程、朱所講的心是認識的心，孟子所講的心是創造的心，不是認識的心。是創造的心，才能說「心即理」，此不是了解「理」，了解「仁」，而是「心」即「理」，即「仁」。陸象山開出了這一條路來，王陽明後來即順著這條路而講「心即理」。但王與陸亦微有不同。陸講「心」，精而不細，未能告吾人把握心之所以為心之訣竅。王講「心」即使吾人有一訣竅。而把握心之訣竅，孟子本由仁、義、禮、智四德而了解心之所以為心。（孟子本由仁、義、禮、智，以了解「心」。）又從此更有一訣竅而簡單化、統一化，即特別提出「智」一端，以了解「心」。所謂心之德，即心之內容，亦即心之特性。此種內容與特性，即是性，而程、朱由此而言性即理。由仁而講仁、義、禮、智，王陽明由仁、義、禮、智而獨講「智」。孔子講仁，孟子種心德中之未德。陽明為何只從未德來了解心呢？儒家講「仁」，佛教講「悲」，耶教講「愛」，可見「仁」是主。王以講「仁」已濫，乃特從「智」上為訣竅而了解心。此時之「智」並非四端並立中之「智」，而是將「智」冒上來。（本來從「仁」了解心，是很好的，「仁」以感通為性，以潤物為用。「心」是綜合的，「仁」也是綜合的。仁是生命的真機，即真生命。可是如此講，太高，亦稍渾淪無把柄處。）將「智」冒上來，則衝破了並立的限制。此「智」為虛德，亦為實德（仁、義、禮皆是實德），而與仁、義、禮有點不同（西方言道德即心德，但不可以智為道德律）。此「智」從其為心之德而言是實，但此實乃虛，所

謂虛即「靈」，即「覺」，即所謂虛靈不昧。心之所以為心，在我們意識中首先表現者，即此靈覺，而不是仁、義、禮。若以仁了解心，乃實德，從智了解心，此為虛。若虛靈真的不昧，則實德才能被拖帶出來，實德被拖帶出來，即是「心即理」，由此心而發出的即是「理」，即是法則。若將「仁」當抽象的看，則這道理皆不能看出，所謂「義精仁熟」只有聖人才能講。例如打一個人是仁是義，不打也是仁是義。仁在具體生活中表現，當機表現很恰當，只靠此「智」德，它是虛靈，知是知非，王陽明指此虛靈不昧，即是「良知」。「良知」即是非之心，是非只是個好惡，只好惡便盡了是非，只是非就盡了萬事萬變。故是非是個大規矩。良知並非現在所謂的直覺本能，而是本心之明，是具體的，當機的，不是抽象的。它是跨越在意的善惡之上，是絕對的至善，故曰無善無惡。這種將「智」冒上來了解「心」，乃是王陽明一大妙處，一大貢獻。良知是將實德拖帶出來，在生活的表現中，當機的表現得很恰當。故良知為是非好惡之準則，並能彰著心之至善。「有善有惡意之動」，在意之動下才有兩行（善與惡），在心之體無善惡之對待，以良知本身是至善，故了解「心」為至善。這是王陽明的細密處。比陸象山進步多了。不過四句教的「無善無惡心之體」這種無善無惡的措辭並不確當，本來這是指絕對境界而言的，但後人不明，每以此而加反對。再者，良知若只從虛靈上講，則心易為認識的心，而與佛道無別，認識的心，安能作本體？李見羅（曾從鄒東廓學良知之學，不得其門而入。）曾說：「從古立教，未聞以『知』為體者。」故講止修之學，這就是因為只從虛靈講良知所起的誤會。

我們現在為什麼又要講劉蕺山呢？這因為在當時大家了解良知之為「心」、為「理」，還不很夠，故有以後泰州學派之毛病，李見羅則以陽明所講之心為認識之心，不僅四端，實屬無量，而且每一德都通透「心」之全體，每一端不是一個限定的概念，不過是從此處說而已，所以不能下定義。陽明以後的人，不知良知通透心德之全體，而以其為限定的概念，所以出毛病。（黑格爾曾說：「具體的共相」，亦指點一通全而非限定、非概念之意。）劉蕺山看到講良知既已出了毛病，他為了一新耳目，重明至理，所以又另換一端來講，而以意為訣竅來了解心之所以為心。若是照平常講，「意」乃心之所發（有善有惡）。而劉則謂此是「念」，而非「意」，將意向裡收（即如王之將智冒上來一樣），不為心之所發，而為心之所存，即表明意為定盤針。此為講道德生活自己做主之講法（與西方從Will講道德一樣），這是很對的。（但他批評王陽明之處都不對。）大家須知中國人講「心」相當於西方之講「神意」、「神智」，這是與上帝之全體的無量，現在大家把劉氏的原文看一看，即可知道。由劉氏以後，學風為之一變，大家都向外開，以求事功。但事功終來未出來，其病就在講外王而反內聖，其實講事功、講外王，須講內聖才行。中國幾千年來的學問，大體都在這裡，我們把這方面了解個大概，然後再進一步看如何向外開。從前的人分解與思考不夠，文字很難明白，我們現在以西方的思考方式來講，才能講明白。讀書須多磨練，讀任何一種書，不是一下子就可以了解。不懂，過些時再看，了解一種東西，不是為附庸風雅，乃是為了煥發生命、增加智慧。我們現在應該索性承自己一無所有，但亦不以任何外來的靠山而貶抑自己。我們正視西方科學、自由、民主與基督教，同時

也正視我們的文化生命，不當貶抑自己，以外侵內。大家於此要用點功，把現在一般知識份子的頭腦去掉，然後自己做主，才能建立事功。

十八、中國文化的發展

各位會友，最近幾次所講的，都是順著王學的路講下來，完全是關於內聖方面的學問，並且把其中的脈絡以及從何而出的毛病指點出來。大體地說，所謂心性之學，它最內部道理大致是這些。這已達到了最高峰。若再向前進，那就難了。所以在明亡以後，風氣一變而為向外開，即講外王，講經世致用。顧炎武、黃黎洲、王船山、顏習齋、李二曲等都反空疏求致用。後來的考據亦是這個觀念的變形。但是清朝三百年對於華族生命挫拆太多，歪曲空疏求致用，始終未能開得出來，結果只能變成考據。到了民國，講科學，還是致用，和清時的考據是同一條道路。可是依舊是沒有用。這種向外開的事功之所以出不來，最大的毛病，即在其基本精神和本源之學的精神是對立的，因為文化之源生命之源價值之源必須貫通，才能開得出來。

今天我從歷史上縱貫地把中國文化的重要觀念講一講，即講儒家學問三期的發展。使大家對於中國文化的發展有一個大體的了解。這三期是大的分期，小的分期不講。㈠第一期，由春秋戰國的孔子、孟子、荀子到漢董仲舒造成漢大帝國。㈡第二期，宋明理學。㈢第三期，現在。我們從辯證的發展看，這第三期是綜合的形態。是正反合的「合」，是以正消融反的諧和。這種諧和與原始的諧和，形態雖一樣，但內容不同。它是再度的諧和，有極高的價值，有空前的成就。如此看來，是必然的來臨，是天造地設的非來不可。這即是中華民族的前途。真正的中華民族的歷史，是自黃帝到東漢的二千多年，這一段時間最精彩。因其生命與文化合一

（中國通常講歷史都重漢後二千多年）。西人稱中國文化在漢前才有文化生命，漢後只有「存在」（Existence），不是「實在」（Reality）。真正的生命在漢後已枯，所以後二千年的歷史，只是一治一亂的重複，（這問題，西人最注意，我們反不注意。）這一治一亂的歷史，是非歷史的歷史，它是無發展的，只有空間相，無時間相，有空架子，無進步，無論在文學上、藝術上、哲學上、科學上，都見不到什麼新的成就。假定說我們的民族和國家到滿清止已亡了，則西人此說還可以說，但是我們還是存在的，則我們的歷史之前後兩頭都是敞開的，民族生命並沒有真枯，還是活生生的，所以我們的看法不同，卻把這後二千多年的歷史看活了，認為這是大過渡時期，正如長江之水經過三峽一樣，內在於三峽時，彎彎曲曲，來回重複，但一出三峽，則萬馬奔騰，坦途萬里。所以中華民族是大器晚成。我們為什麼華民族今天能受得了共產黨的大手術，即表示其將來絕對有辦法。這是大開大合。我們再看中說這後二千多年是大過渡呢？我們知道從漢到魏晉南北朝，這是純過渡。隋唐之民族生命強，但不與文化生命合一。表面上雖以周孔之教建國，但只是外部文教，只是典章制度，而精神生活、觀念意識，則是佛教。（韓愈雖闢佛，並不行。）再在文學上，只有詩，並不能代表理性。（朱熹即看不起唐，認為唐室之家世不純，因為唐太宗之母，為胡人。）而漢朝則是服從理性原則，其民族生命與文化生命是合一的。唐在學術上只是佛、是詩。詩是代表感情、生命、才華，所以唐代服從生命原則，不服從理性原則。及至宋朝，文化生命歸根復命，但其民族生命弱，還是配不起來，而且在學問上偏於內聖，它是分解的偏，而不是構造的綜合。它的內聖之偏，是要保持「正」（對「反」）。這時對於過去原始的綜合和構造的全體，予以解剖

提鍊，將「本」顯露，即將極內在的原理透出來，亦即呼喚生命而將「主體」透露出來，這主體即自堯舜以來文化生命最本源的地方。所謂「反」，也是一定的。「反」即「客體」。一定要將主體之光貫徹到客體上去，才能有構造。所以唐宋這兩個朝代，各有特質，唐是身力強，宋是心力強，但都不如漢，漢是身力心力皆強。從唐宋之皆有所偏，即可看出這段時期是過渡。明是漢之具體而微，其民族生命與文化生命合一，都強，可以說是很好的時代，似乎是一建構的時期，但它比不過漢，它的三百年非常奇特，其歷史非常難講。它出王學，王學極不平凡。其奇特如佛教之出禪宗。禪宗之特色是從混沌中見規矩。王學仍守理性，宗孔孟，這是大聰明。明之所以有此奇特，須看朱元璋。我們要了解唐宋明，首須了解李世民、趙匡胤、朱元璋這三個人物。（了解以前的歷史，對每一時代的人物不能不注意，這不是說崇拜英雄，而是說在其權威之下，日子久了，一切都要受其影響。）朱元璋之生命，不順適調暢，心理變態，殺人很多，三百年整個是乖戾、不平常，當明亡時，雖販夫走卒，亦能殉國，這很不容易。即以崇禎而論，亦不平凡，其生命亦不順適調暢。所以明朝這一時代，雖是文化生命與民族生命合一，然從學術政治上說，其形態仍是以前者之繼續。故對於我們所嚮往的而言，仍可說是非建構的，也是過渡。到了現在講外王，則當是綜合的。第一期是原始的綜合，第二期宋明理學是正反對立，現在是再度綜合。在此再度諧和之下，是消融「對立」而成建構的「合」。如此科學、民主才會出來。我們今天必須反省一下，究竟什麼是主體？切不可混雜不清！

十九、理 與 事

各位會友，自從去夏起，我們的會一直沒有間斷，到現在已是一年了。以後的講法，我想另換一個方式，使大家對我所講的內容可以確實的把握，不致模糊不清。就從今天起，大家可以提出問題來多討論討論，不可以當做平時學校裡上課一樣的呆板，學校的上課，是忙煞先生，閒死學生。現在大家輕鬆的談一談，才可了解困難在什麼地方？心得如何？感觸如何？我們費了好大力氣講中國過去的種種道理，其目的，即在想把中國的現代化接上去，現代化是由內聖之學向外開的問題。這方面看起來很容易，實則無論實現或了解皆極難。因為懂「理」易，懂「事」難。做書生、做翰林學士易，做政治家、做宰相難。現在要做一個哲學家、科學家容易，而要做一個建國的政治家或政治思想家就很難。講內聖，對向外開，是有益處的。我這幾年來的用心，總是要諸位先了解「理」，再了解「事」。而且對理的了解須到家。了解了理，即會先把自己站起來，所謂頂天立地。現在各人可以自己提出問題來討論。

討 論：

(一) **王美奐問**：吾人既須了解「理」，又須了解「事」，則「理」與「事」二者皆屬重要，然而究應如何始能將理與事連接一起？易言之，即應如何始能由內聖而外王？

先生曰：理與事，單就個人講，是不能分開的。但是，我們所講的，是要憑藉一個大運動，一種大運會來完成的。這須落在客觀上，不是落在個人身上。若以個人言，有時也只透露「理」，沒有「事」的表現。即以時代言，有時也是這樣，例如希臘末期之斯多亞派專談普遍的理性，但它卻開出了後來接受耶穌教的道路。又如中國魏晉時代的清談，以後也引進了佛教。講文化理想，要如天馬行空，不落在現實的一行一行的上面。它是綜合的，是全部，不是一部。甘地只做甘地，不做尼赫魯，我們個人的心胸，必須和文化理想相通，絕不可落在一行一行的現實事務上面而被它限住。假使落在一行一行的上面，則將陷在裡面而無所成就。我們現在講理與事，講內聖與外王，並非只就個人講（個人如能將二者連在一起，當然最好），乃就客觀講。開出了第一步，自然會開第二步。至於第二步究竟在什麼時候表現，這就要運會，看大家的心轉變得快慢如何，遲早是沒有一定的。

(二)韋政通問：我以為所謂內聖外王之路，即是西人所說的「認識自己」，中國陸象山所說的「立其大」，由此即可知第一步工夫，乃在求「應該」，在「立志」，志如何立？在把握「道德意識」與「應該」，而不落在某一方面。如此才能開出外王來，我們現在並不需要做山林隱士，我這種意思，不知牟先生以為如何？

先生曰：我們現在講外王，不一定要和過去一樣。以前看外王是內聖的延長。現在講外

王，要承認「家」、「國」、「天下」，而「家」、「國」、「天下」都有其獨立性。只是中國因滿清三百年的挫折太大，所以大家缺乏文化意識與歷史意識。「五四」是個文化運動，但不與中國以前文化生命相接，故毫無結果。內聖從個人身上講，要見「德」，從理上講，要見「體」。內聖通過客觀形態在文化上講可分兩行：㈠國家、政治、法律。㈡邏輯、數學、科學。這兩行是異曲同工，是一個精神，都要肯定。新外王就是如何本著內聖把這兩行引發出來。

㈢呂漢奎問：內聖與外王是否有先後之分？

先生曰：內聖為本，外王為末，在時間上言，並無先後之分。至於在個人身上，有的重內聖，有的重外王，這是分工合作。只要風氣一轉，則一切都會出來。如走大道，即成大業，如走小道，則無所成。

又問：現在先生講學是外王，還是內聖？

先生曰：我眼前講學，若只從方面看，則既非外王，亦非內聖。但是講明這道理而努力以赴之，則多是內聖，亦是外王。在文化上講，有其很大的價值與作用。

㈣郭有遹問：吾人今日講內聖，是否需要加浪漫精神？

先生曰：如果需要所謂浪漫精神，則對此詞當該有一新規定，不可照普通的意思去想。這新規定，我的意思是這樣。即：在佛教為「遮撥」，在儒家，即孔子所謂之「狂狷」。這狂狷的精神，只限於覺的一層上言，作用在超轉，向上。過此則不可。顧憲成的老弟曾經說：「上不從中庸門入，下不自方便門出。」這即是狂狷精神。狂狷，可以在習氣之糾纏中透露主體，這有很大的作用。但只是在一關鍵上用，並不能一味狂狷。有人謂道家有狂狷精神，其實儒家都有此精神，無此則不能立教。所謂狂狷精神，即在放棄一切，獲得一切。

㈤戴璉璋問：荀子講性惡，又講誠，為什麼？

先生曰：他講誠時，或是泛講的。若照誠講，則與孟子性善合了。

又問：　荀子講禮義，有無道德意義？

先生曰：有道德意義。但他只是外在的講，沒有根。他講性，是和道家，告子所講之性一樣，都是從「生」上講的。

㈥朱守亮問：狂狷精神是否為創造精神？

先生曰：「逆之則成聖成賢，順之則生天生地。」創造必須在透顯主體後方可能，唯仁才能創造，才能生生不息。狂狷是逆之，是遮撥，以見仁體。創造是承仁體而起用。若貫通著講，狂狷精神亦即創造精神，或函著創造精神。

又問：主體之心建立後，是否一定有創造？

先生曰：仁是生生不已的，只要是主體之心建立，則一定有創造。所謂唯心論，即在這一點上講，其餘的均不可。儒家之心為仁，故有創造。道家佛家之心為覺照，非仁，故無創造。所以儒家要關佛老。

廿、略論儒家的工夫

(一)曾厚成問：先生何以謂王學奇特如佛教之出禪宗？

先生曰：王學簡易，從先天入手，從本體起工夫，是一種頓教。程朱之學，支離，從後天入手，從外面做工夫，是一種漸教。二者的目的雖是一樣，而道路卻完全不同。照普通說法，論正宗則是程朱。王學是承程朱之弊而起的。所以說王學在當時是奇特的，好像佛教之出禪宗；因為禪宗也不是印度傳來的固有佛教，它是一種中國的佛教，主張不立文字，教外別傳，以心傳心，心即是佛，特重心性，一悟百悟。王學所走的路，也和禪宗差不多，不過王學把握著仁（本體），禪宗則否。所以王學是儒家，而禪宗仍是佛教。

(二)王美奐問：先生近年所講已多，旨在教吾輩學道而已，然則其工夫如何？

先生曰：此一問題頗為重要。論工夫，若就道家而言，則比較容易了解，因其主張出世，不與現實糾纏在一起，比較乾淨，它有一定的目標奔赴，只要循序漸進，工夫很容易顯出。佛家也是如此。其工夫都是趨靜、歸寂，其宗旨是入涅般，至於剃度

與否，只不過是方式問題，表示決心而已，並不關要緊，最重要者，乃是參禪打坐，一心乾淨。有此工夫，即有種種境界出現。我們雖不出家，如對某一學問用功日久，則可有忽覺全世界放光之現象發生。現在我們講儒家工夫，從那裡作起呢？工夫一詞好像不似佛老那樣顯豁，講起來作起來都頗不易。但是亦並無路數。所以這裡需要仔細確定一下。儒家的工夫，和道佛不同，程朱是主敬，王陽明講致良知。劉蕺山講誠意慎獨。此種工夫比較不很顯，因其肯定現實生活，要開出天下文明。敬是貫本末內外、（居處恭，執事敬，與人忠）致良知是推擴良知之天理於事事物物。誠意慎獨是心有主宰，毋自欺。這皆比較難。先秦儒家論工夫的話很多。舉例來說，如大學主慎獨，中庸主誠，曾子曰：「吾日三省吾身，為人謀而不忠乎？與朋友交而不信乎？傳不習乎？」孟子曰：「我善養吾浩然之氣。」易經繫辭傳：「敬以直內，義以方外。」這些都是工夫上的話。從儒家敬義歸納起來，儒家的工夫，實與「趨靜歸寂」的工夫不同，所以儒家有儒家的工夫。抗戰期間，我在成都有一個朋友對我說：「你要念宋明理學，必須打坐。」我說：「打坐不能增加人的道德感。」打坐的工夫與佛老的教義相應，不與儒家的教義相應，至少亦不是其工夫之所以為工夫的本質。佛教對人生的關係是外在的，無道德的責任可負，故堯舜桀紂罔不可處。不論堯舜之善與桀紂之惡，都是他轉的對象，你這面的差別，在佛教看來並不算數。儒家則不然，他對堯舜與桀紂，必有一個分別，故云敬以直內，義以方外。這對人生是內在的關

係。佛教無分善惡，祇須同入涅槃，故佛教徒如不出家，往往多很冷酷。這是從

理論上說，打坐並不能增加人的道德感。所謂道德感（moral samse）是最重要

的，我們講這許多理論，目的都是在增加人的道德感。這道德感究竟是什麼呢？

按平常講道德有兩種意義：

(一)拘束的意義，這是視道德為外在的條文。是拘束自己的東西，故一聽道德二字

即討厭。

(二)開放的意義，這是視道德為內的真實生命。是成全自己的東西。故道德不可

厭，反是可悅的。孟子曰：「義理之悅我心，猶芻豢之悅我口。」義理就是內心

之真實生命，內心之明德。故詩云：「民之秉彝，好是懿德。」故懿德、明德、

真實生命，實只是內心之明朗、坦白。

「坦白」本是好名詞——現在卻被共產黨用來作壞——我們平時因為矜持，都不

坦白。外在的壁壘越高，則內在的污穢愈多。如自己無壁壘，但是對方有壁壘，

則可以開誠相見，以自己之光打通之，以自己之熱透過之。不過有時也不行，因

為對方太蠢，或自己的工夫不夠，就很難打通。儒家之大宗旨，即在以自己之道

德感（仁），感通一切，這即是做工夫的目的與下手處。但運用之妙，存乎一

心，所謂「通」，並不是指世俗之社交，有時亦不必「通」。故出處進退，乃為

最須用心之所。總之，做工夫時，宗旨須不變，而各人所做之工夫，亦常因各人

之氣質而異，或表現「仁」，或表現義：仁是寬容、和潤，義是端方、正大、立

界限、立涯岸、正是非。前者如明道，後者如伊川。而在現在自覺地有表現工夫意味的，要算唐君毅先生。他自覺地要表現仁，你只要看他做文章，總先作正面的了解，先肯定對方的價值，然後指出其錯誤而糾正之。這就是忠恕之道。我們必須知道，凡是有性情而不甚平正的人，總需要他人了解，需要適當的安排。如不予以了解，予以情感上的滿足，則將成為瘋狂，反可毀滅一切。我們若能滿足其需要，如雪中送炭。這是大恩惠，也就是大仁。仁給他一種安慰，智給他一種了解。表現仁是圓，表現義是方，開朗坦白。能開朗坦白則直而勇莽。基督教的的明德。這都靠自己之誠實無妄，當該怎樣，就怎樣。這些地方必須自己小心，這是最具話說：「不要怕，只要信。」我們只要理直，自然氣壯。仁義禮智都是內心信而不怕，即是工夫上的意義。我們要避免不開朗，必須包袱少些，除非有大根器，如文天祥，能受得這富貴，經得起煎熬。這些地方必須自己小心，這是最具體的例子。以上是對自己而言。

再對德業言，則必須存心於對時代開風氣，對國家立規模。小一點說，可以好好的教書與讀書。但「大德不踰閑，小德出入可也。」只要存心正大，也不必作「硜硜然小人哉」的小人。大體說來，我對儒家做工夫的看法是這樣，這與佛家之「靜坐」不同。還有平時要常接近先生，求學問總要親師取友，要開朗，要誠懇，要有迫切感，不可矜持。有問題，就要問，對先生不能有什麼敢問不敢問。

我在三十歲以後，始有敬畏之感。現在則深體會到開朗、坦白、去矜持之要。此

是儒家作工夫成始成終處。矜持、機心，都不可有，對人相處，須尊重人之客觀地位，不可因親暱而失禮，對朋友來信須覆，總括起來，照儒家的立場而言生活的體驗，而不失仁義禮智之存心即工夫。所謂義精仁熟即是工夫的最高造詣。

　　　　　※　　　　　※　　　　　※

吾適有答蔡仁厚同學一函，茲附於此，以作參考。

仁厚棣：來函所述「自己病痛，甚見能自反省。拘謹在某義上與矜持不同。從高一層上說，拘謹即函矜持。但吾棣現在尚不至此。未經磨練，外拘謹內即慌張，此為表裡相反之因果。大凡青年作工夫，與中年以上直接就心性下手者不同。青年宜藉努力學問開擴自己。規模未建，心思未開，則無論大力突破，或潛心陶養，皆不能落實。大力突破是假狂蕩，久之氣洩，仍未突破。潛心陶養是虛做作，壓縮久之，仍歸慌張。故此類話必須當機、落實，否則全無著處。此所謂不相應也。青年期要去拘謹慌張，其相應之工夫當是間接的：努力學問以明事理，藉理以開擴客觀意識。此時生命容或橫撐堅架，但此步撐架是必要的，大力突破必須藉學問來突破，不是空說突破也。撐架就是突破。但撐架本身就顯生命之不諧和。衝破拘謹即隨來一不諧和。這個不諧和是過渡到諧和必要的一步。這是把毒挑破。此挑破不能空說。學以明理，不要浮泛，方能盡挑破之責。在挑破與不諧和中應事接物，內心生活，自不能順適條暢。但須知此時之拘謹方是一「真實之拘謹」，此時之慌張方是一「真實之慌張」。

在生命中能形成一真實的拘謹與慌張，亦是不易。吾棣此時之拘謹與慌張尚不是一真實的，所謂與自小生活有關是也。此是習慣中的，尚未至由憤發挑破以形成也。故吾棣現在不要多注意此種拘謹與慌張，只要提起理智與趣以追尋義理系統，藉以挑破自小以來由習慣形成之拘謹，而形成一真實之拘謹。此步一到，方是生命中之真病。如此方可作直接的工夫：直從心性上著手，此即所謂主觀實踐之學問與工夫之開始。此時說潛心陶養方有意義，説大力突破方有意義。然亦不是空説。憑空説陶養，如何下手呢？憑空説大力，如何用力呢？是以必有內在義路可資循持。此即致良知教之真實作用處。吾今於此方有理會。始知朱子説「涵養須用敬」，實是空説，無下手處。其下手處全在「道問學」。是以朱子一生工夫猶在間接邊也。

吾所告棣者不走朱子路，只要先作間接工夫：藉理智與趣之追求以形成一挑破。（此義可吸收朱子之長處而與朱子之間接卻不同）。先要藉理以開朗，落在生活上之不諧和亦表示一狂者胸次或狷者胸次，狷就是真實的慌張。吾人處此時代，先要開朗作狂狷。不是假狂蕩，虛做作，乃是藉理智與趣之追求以形成一真實的狂。此是真狂狷。何以要如此？一是工夫過程上之必然，一是時代之意義，多暴露多反映時代生命之病，方能開出生命之途徑，方能真認識真理之所在。吉凶與民同患，有情既病，我即隨病，此皆有消極與積極之意義。消極是被動的，此即成一真實的不諧和，成一真實的狂狷，成一真實的病。積極是主動的，是聖人襟懷，是菩薩的示疾。此兩面皆是「存在的」：「存在的真病」（所謂病至於死）與「存在的示病」。從「存在的真病」到「存在的

示病」方是直接工夫處：致良知其要也。此就是如何成聖之工夫。棣等間接工夫處一步未走，如何能說得上去矜持與慌張。（在直接工夫處，拘謹就是矜持）。矜持與慌張是徹上徹下的病，這裡含著學問的全程。吾棣可知如何用心矣。

廿一、通向新外王的道路 (一)

各位會友，今天是我們人文友會第二十一次的聚會。上兩次是採取自由討論的方式。現在有幾位是新參加聽講的，恐怕一時不能把握住線索，可以把過去的講詞看一看，不過講詞並不夠，不夠不要緊。還有一點要說的，即常常參加這樣的聚會，可以把精神凝聚一下，提撕一下。初參加的，不要抱著求知識的態度，即常常參加這樣的聚會，可以把精神凝聚一下，提撕一下。初參加的，不要抱著求知識的態度，我們這裡有許多與生活有關係的話，一時聽不懂不要緊，切不可急躁。我們這個聚會已有一年多，從未間斷，而且精神很好，這就表示大家已有一種精神的凝聚，我們現在講內聖是為了什麼，這一點必須知道。過去講內聖，即在通外王。現在的建國，即根據內聖之學向外開，亦即是外王。向外開，在現在講是兩行：一是科學，一是民主。

過去我國講外王，是由內聖直接推衍出來。如大學所講的正心、誠意，即內聖。修身、齊家、治國、平天下，即外王。後者是由前者直接推出來。故曰：「壹是皆以修身為本。」現在如此講法已不夠。因為科學，雖與正心，誠意有關：以之為本，但不能直接推出科學來。王陽明講良知，並不能產生科學。以前的人講外王都是直接從內聖推出來。例如劉宗周曾答崇禎帝說：「陛下心安，則天下安矣。」朱子上宋孝宗書言天下事，必從正心誠意致知格物說起。又如李世民之爭帝位，非常激烈。此類問題最根本的解決，說來說去，還是歸在正心、誠意、修身、齊家上。中國以前講外王，到這裡即無辦法。過去的問題，不外有三：㈠王位的世襲，㈡

朝代的更替，㈢宰相的難處。這都是屬於外王直接由內聖推，一方面也表示對於外王無辦法。現在講外王與事功，乃集中在科學與民主。但從內聖上並不能直接推出科學與民主，其中有一轉折，只有間接關係，而無直接關係。唯這一轉折真是難事。這是一個很重要的關鍵。即一方面科學和民主，與良知有關係，一方面科學和民主又有獨立性。若從做事上講良知，確可使事情做得好些，但對科學民主卻無直接關係。五四運動以來，認為科學，民主與中國文化對立，故非打倒中國文化不可。至於一般老先生的講法，則又以為科學與民主，在中國固有的。這兩種見解都不行，我們現在要把科學、民主與中國文化接起來。我們要他們接起來，首先要了解這一轉折，即科學、民主與良知有關，但科學、民主亦有獨立性。我國講科學、民主已有數十年，為什麼還不出來？其實理由很簡單，就民主言，像憲法、權利、義務、自由、平等、選舉、被選舉等觀念，大家現在都知道，為什麼生活上不習慣這一套呢？即這一套觀念尚未進到意識裡面來，在生命裡面生根，這卻很難。這難，卻與過去的中國文化有關，現在就從這裡講。

這基本的關鍵是在：中國的文化生命在以前其理性的表現是「運用的表現」（Functional Presentation）西方文化的精神，其理性的表現，則是「架構的表現」（Constructive Presentation）。唐君毅先生寫文章，常謂西方文化是「方以智」，中國文化是「圓而神」。在我的歷史哲學中說，西方文化是「分解的盡理的精神」，中國文化，則是「綜和的盡理的精神」。在我過去最愛讀懷氏的書。在他的 "Process and Reality" 這部鉅著裡，他說有兩這在西方近代有懷悌海，亦了解此意。他曾對張君勱先生說：「中國文化 Very · Reasonabla ·」我過去最愛讀懷氏的書。

個主要的觀念，即「過程是最後的，事實是最後的」(Process is ultimate，Fact is ultimate)。

他的意思是反對亞里斯多德以來所謂本體、屬性這一套概念架子。他認為具體事實即是最後的、最根本的，而凡是一個具體事實都是一個動的過程，故過程亦是最後的，最根本的。事實與過程就是「真實」。不必於此呈現的真實外再推尋那不呈現的抽象的「本體」以為真實。這種觀點就是一種功能的觀點。同時，中國人的真實表現也是功能的、作用的，中國人喜講情理，是活的，所講的都在人情中。講乾枯的抽象的理性。故懷氏謂為Reasonable。因此，科學、民主出不來。中國人講道，即在眼前，當下即是。這是作用見性。佛教在中國出禪宗，也是表現中國人的這種特性。總括起來，西方人講道是概念的方式，即抽象的，靜態的；中國人講道是功能的方式，即具體的、動態的。

古代的聖君賢相之治理家國天下全是德化的表現。鞠躬盡瘁，死而後已。在這種功能的方式之下，作皇帝只要有點雄心，一定是對一切都管，所以這需要一套架子予以限制，但中國卻素來沒有。這從好的方面說，好處很多，情、理、法，通同在內。從壞的方面說，壞處也很多，如渾沌、拖泥帶水等。現在的人罵中國文化，都是從壞的方面說的。現在要生存，須有架構的表現。良知的表現是運用的表現。故曰：「耳無體，以萬物之聲為體，目無體，以萬物之色為體，心無體，以天地萬物感應之是非為體。」這即是作用表現之最恰當的話頭。運用表現是最高的境界。我們所要說的轉折，即如何從理性之運用表現轉為理性之架構表現。我們中國所缺者，即在架構表現（論境界，架構表現並不如運用表現為高）。復次，中國人之思考是感覺的、直覺的，而且太重實用，不重抽象，故科學出不來。（現在的學生，都喜讀工學院，不

喜理學院，即是一例。）中國之生活情調與精神，從理性上講是運用的表現，從行動上講則喜講「革命」。革命是突破，不能常革命。常革命，則大家都成了革命的對象，成了敵人。中國現在最需要政治家，有政治家，才能有民主政治出現。關於這些，我過去有一篇文章論政道與治道，大家可以看看，作為參考。政道即架構表現，治道即運用表現。創造民主政治，須靠政治家與政治思想家。並須把它當作宗教一樣的信仰，才能實現。中國現在社會上流行的，都是社會主義的意識，都是離開主題而歧出。所以不能建國。真正建國乃指有政治家建構民主政治言。直到今天，建國這個觀念還不清楚。過去抗戰建國，抗戰清楚，建國不清楚。現在講反共建國，亦是反共清楚，建國不清楚。只有反面，沒有正面。我今分別理性之運用表現與架構表現就是要使大家從正面正視這個建國的工作。這當是儒家學術在外王方面的新展開。

廿二、通向新外王的道路 ㈡

各位會友，今天是我們友會第二十二次聚會。上一次所講的，是就外王一問題，而言理性的架構表現與運用表現。今天偏就架構表現方面而詳言其意義。架構表現成就很多，中國於架構方面不行，所以亦沒有這方面的成就。今天的問題即在這裡。而理性的架構表現之成就不外兩點：一是科學，一是民主。幾十年來的中國知識份子，都在鬧這問題。中國為什麼不能出現科學與民主政治呢？我們的答覆是理性的架構表現不夠。中國文化只有理性之運用的表現。我們上次已說，若論境界，運用表現是高於架構表現。所以中國不出現科學與民主，不能近代化，乃是超過的不能，不是不及的不能。這個意思梁漱溟先生似乎已有觸及。他說：「中國文化是理性的早熟。」這了解雖不甚中肯，但他總比其餘的人為優。在我們講中國文化是理性的運用的表現，可以把梁先生的意思吸收進來。運用表現，它有其獨立的成就，無所謂早熟晚熟。精神的向上發展，是永遠不斷的，故無所謂早熟。它只是向運用的表現方面發展，而沒有開出架構的表現。這不是早熟的問題，而是缺了一環。不過運用表現在境界上說是高的，因此之故，我們可以把梁先生的意思吸收進來而予以修正。我們現在的說法是：光是運用的表現在現在已顯不夠。理性的架構表現與運用表現，都需要，都要出來。只要明白理性表現精神發展的全幅義蘊及其關節，則早熟的說法便顯不恰當，亦可不必要。現在中國宣傳科學與民主政治的人，即不科學，亦不民主，只會壞事。真正的科學家與民主政治家，其態度與行為是很值得

人敬佩的。我們現在要使這一問題在生命裡起作用，不能只是口頭上嚷一嚷，一定要自覺的於此有所建立。成聖人是運用的表現，是空蕩蕩的。雖乞丐亦可成聖人。故不如架構表現之可一指出。因此中國文化究在那裡，很難指出，只是空蕩蕩的。我們現在總要有些鋼骨水泥的大廈，不能單講山川氣象。每一建築物，有一獨立的特性與結構，對應這結構，須要有理性的架構表現。如此方能產生科學與民主。這即是我們對外王的新講法。「外王」不是由內聖直接推出來的，而須有一種轉折。中國人的人情世故熟，即因理性的運用表現。不過這是就壞的方面講的。若就好的方面講，即是成聖人。凡是理性運用的表現，都是「攝所歸能」，「攝物歸心」。這二者在免去對立。它或者把對象收進自己的主體裡面來，或者把自己投到對象裡面去，成為上徹下的絕對。這即是聖賢的心量。君主政體，即是聖君賢相的政體。其君相無敵對，若不就威權而言，僅就德上論之，聖君賢相對人民，即如父母之對子女，是不對的，而以前將家庭父子的意義用於政治，這也不對。現在的民主政治確是一大進步，因為在政治上須有「對列」（Co-ordination）。不可以是「隸屬」（Sub-ordination）。隸屬是運用的表現，是自上而下的披靡，即「君子之德風，小人之德草，草上之風必偃」之意。此種境界本來很高很好，但須適當其分，否則即有毛病。現在論君主政體，並不是說沒有好皇帝，而是論其政治形態之本質，現在的民主政體有對待，過去的君主政體無對待，二者相較，自以民主為好。攝所歸能，攝物歸心，只能就聖賢境界言，若就政治言，則須講「對列」。我們了解了Co-ordination與Sud-ordination二字的意義，

即可了解君主政治與民主政治的關鍵，所謂理性的架構表現，是以 Co-ordination 來規定的。

就政治之內容言，在君主專制下，君主看人民為子女，是隸屬的。在民主政治下，則人民有其政治上獨立的個性。君主是超越的無限體，而民主之元首則有其法律上之「分」「位」，即有其限制。此須認人民為獨立之對待體而後能作到。人民之為獨立的對待體，是以權利義務來規定。若不認人民有其政治上獨立的個性，則君主即為無限制的膨脹。君主或元首若為無限制的膨脹，其於人民便是隸屬關係，若因人民之有政治上獨立的個性而有其法律上之分與位，則其於人民便是對列關係。由此對列關係而見理性之架構表現。反之，由理性之架構表現而成此「對列之局」。

再就民主政體本身之出現言，亦為理性之架構表現所造成。這意思是這樣：即架構表現使吾人返回來對權源要加以限制與安排，即對於最高權源之「力」（打天下）使之理性化。（在以前政權最高之權源不可動，非打不可，雖父子兄弟，亦不能相讓，非常殘酷。）馬上得天下，不能馬上治天下，可見得在「得天下」時不講理，只有在「治天下」時才講理。而民主政治卻恰好把「力」打掉，使之理性化。這步理性化亦是理性之架構表現。用此架構表現便出現民主政體，而打天下以取政權便終止。如是，社會上便有一個永恒不變之定常。此定常是制度而不是一家之世襲。以前政權寄託在一家之世襲，其失也則由於被打（革命）。打靠力，是非理性的。即得之，則望其永恒不變，然既寄託在一家個體之世襲上，則不能永恒不變。此所以有一治一亂之循環。以前儒者提出維持政權不變之辦法便是修德。修德是理性運用表現，不是架構表現。這即表示對於政權之產生與安排無辦法，而仍歸於力。可見理

性之運用表現必賴架構表現以補之。

道德宗教的境界，是攝所歸能，攝物歸心，科學則非有對立不可。故成知識非從圓滿自足之絕對境界中自覺的造成主客體之對立使對象從感覺情感中提鍊出來成為一個知識的對象不可。對象成為知識的對象，則主體便成為純粹的思想或知性。要有這類的成就則須有邏輯數學等，使用概念才能成科學知識。使用概念，乃架構表現。程明道所謂「觀雞可以觀仁」，周茂叔「窗前草不除」，這並不能成知識。成知識之每一概念，都是抽象的、破裂的，所謂系統，即理性之架構表現。

以上所講的，即是說明為什麼民主政治與科學是理性之架構表現。同時說明中國過去的學問中為什麼沒有民主政治與科學知識。今天大體只講到這裡，下次將講如何從理性之運用表現中開出架構來，即如何從良知中屈折一下而通出來。

廿三、通向新外王的道路 (三)

各位會友，今天是我們友會第二十三次聚會。上次我們所講的是就民主政治與科學知識以明理性之架構表現。現在當該進而再講如何從理性之運用表現轉出理性之架構表現。不過在講這層意思以前，我願先就超科學知識的智用（神智）與超政治的德化（神治）這兩方面把理性之運用表現再稍微詳細說一說。理性之運用表現，在人格方面說，即是聖賢人格的感召。論語說：「夫子之得邦家者，所謂立之斯立，道之斯行，綏之斯來，動之斯和。」最能表示聖賢人格之感召力，也最能表示出理性之運用表現之意義。孟子說：「君子所存者神，所過者化，上下與天地同流，豈曰小補之哉？」這「所存者神，所過者化」兩語尤好，把論語上那幾句話的意義綜括無遺。這種作用，在宗教上便曰「神通」（佛教）或奇蹟（耶教），而在儒家，則說的如此平實，如此條暢。吾人即總名之曰「理性之作用表現」。這「化出去」中間並沒有什麼曲折，故無理由可說。這即表示，他的所過者化，他的聖德之化出去，並不需要經過一個媒介，一個橋樑，而是一直的，一下子即化的。莫之為而為，莫之然而然。雖在聖人本身也不知其所以然。它的所以說：「化本身也是神。這並沒有理由可說的，這「化出去」的作用由於「所存者神」。化本身也是神。這並沒有理由可說的，這「化出去」的作用由於「所存者神」。然即是他的聖德之神，而從神至化卻沒有一個曲折可說。所以也不需要一個媒介與橋樑。須知媒介或橋樑本身都是一個架構，一個建築物。這建築物本身之成就即是理性之架構表現。假如我們的德要通過一個橋樑才能化出去，這便是理性之架構表現。聖德人格之感召不需有媒介，所

以他的「所過者化」，完全是理性之作用表現，不需要藉助於架構表現。這完全是超架構表現的。

至於在政治方面，則理性之作用表現便是德化的治道。吾常言中國傳統政治只有治道，而無政道。所謂政道治道乃相應中山先生政權治權而言。在中國以往君主專制之政治形態中，政權之行使未有一常道。故治亂相循，而打天下（即革命），乃為政權更替唯一方式。儒家於此亦始終未能有一妥善之辦法。其唯一把握不放者即想「德化」——此代表政權之「皇帝」。故朱子對孝宗言，只是誠意正心。而其萬言書中所講論之治平之道，也從格致誠正一貫而來。蓋君相負治國安邦之責，而治理此廣土眾民之大國家，固無定格可循，皇帝日理萬機，若無極高之道德修養與深遠之器識，安足以言此？此儒家所以必立一極高極嚴格之標準，以要求君相之故。以是中國君主專制之政治，乃成為聖君賢相之無為之治，也即成了「德化之治道」（道家於此乃成「道化之治道」，所謂足不出戶而知天下的無為之治。）其理想，其境界至為高遠。而中國政治上的法律，也無近代法律之權利義務的對待關係，中國所謂法，即是維持倫常關係，所謂君仁臣義，父慈子孝，夫和婦隨，兄友弟恭，以及朋友間之信義，此則不必有人民之同意，而人民亦無不同意者。故此所謂法，乃是一種自然律。它不通過架構之表現。所以亦根本不於近代意義之法律。因而在中國歷史中，近代意義之國家政治法律，可說皆無出現。然此非謂中國文化尚未到達此境，乃因其超國家而已進至天下之觀念，超政治而已進至德治之觀念，超法律而已進至倫常禮義之觀念。此種政治，其層次實同於西方所謂「神治」。神治的宇宙，不需要通過國家政治法律之架構，乃直接順自然律而治理之。中國之德化與道化的治道實有類乎

此。於此中國文化無論從個人人格的實踐，或客觀的政治實踐方面，皆可見其是理性之運用表現而非架構的表現。

復次，從知識方面講：此所謂知識即指科學知識。科學知識皆對人而講，不對神而言。上帝理解萬事萬物，並不需通過邏輯數學之手續，也不用科學之方法。它是一種神智的妙用。它了解萬物即是實現萬物。它的了解也是整全的了解：一了了，而全了。不是受經驗限制的歸納的了解。它之整全的了解，此所謂整全也不是抽象的概念方式，而是既整全而又散開，個個皆貫注到的，這種了解當然無所謂科學。故科學知識只是對人而非對上帝而言。中國儒家講心性講良知，是把智收攝於仁心之中，德性一顯，本心呈露，而本心則有其靈明之覺照。就此而言智，即已是超科學知識的神智或圓智。在此可説是「攝智歸仁，仁以養智」。此種仁心中的神智圓智，它對事物的理解是一觸即通於整全，所謂一了百了，即是此意。此超知性境界之神智實純是運用於神心。但中國聖賢則認為人心中即可轉出。故曰天心道心。此超知性境界之神智實純是運用之表現。依此則中國文化固不能出現科學。

中國文化實有類於一大海，其於人性之表現極其豐富，可謂無所不至，無所不容。然它極涵蓄渾淪而不突出。如人體之細胞，看不見，數不清，故極難了解，不似西方文化精采顯露，極高明之智慧，極神妙之境界，而且有高潮迭起，使人一覽無遺。中國文化有極偉大之氣象，極深之幽默感。因其氣象宏偉，故能維繫固結此廣土眾民之大民族，延續此悠久深厚之歷史文化。因其智慧高，境界高，故其一切皆尚神智渾化。一面超越概念思維之科學而從作用見性，以體認本體：一面超越政治法律而講德化天下。因其有幽默感，故於無能為力之艱難之世，能

順應自然，以靜待天運之轉機。故中國人人情練達，世故最深。其生活情調確能如情如理。關此，說好則甚好，說壞也最壞，然總是人性之豐富表現。不過話雖如此，中國文化卻無架構內容，所謂「雪泥鴻爪，不留痕跡」。即表示空蕩蕩的，無事物可指。故若不了解中國文化乃理性之運用表現，乃超越架構表現而上之。看中國文化即實一無所有，在此你不必與之爭論，凡運用表現者皆是虛靈圓神，空蕩蕩的。上帝一無所有，然上帝也無所不有。中國文化講到最高處實有類於此者。

總之，中國文化是理性之運用表現，非理性之架構表現，然中國要在現世界站得往立得起必須由內聖開外王處有一轉折，繞一個彎，使能顯出架構表現，以開出科學與民主，完成新外王的事業。今天再講明這點意思，使大家於中國文化生命之發展表現有一確切之認識。諸位會友於此若真認識清楚，再回頭讀五經四書或老莊諸子，你就能了解書中之妙處及其精采所在。此是對中國文化最高精神綱領之了解。事屬非易，然真能用心，亦非甚難。下次再講如何由理性之運用表現轉出架構表現。

廿四、理性的運用表現與架構表現

各位會友，今天是我們人文友會第二十四次聚會。近來我們講理性之運用表現與理性之架構表現的問題已有三次。第二十一次聚會首先提出架構表現與運用表現的名詞大體加以解說。第二十二次聚會特別就架構表現方面詳言其意義。第二十三次聚會則就中國文化超科學知識境界與超政治之德化境界，專講理性之運用表現。大概理性之架構表現較易了解，因其與民主科學相應。故換此新名詞提一提，可使之對民主科學之本性有確切之認識。但也要提醒大家，對於架構表現此一名詞及民主科學之本性不可輕易忽視，因事實上也並不易了解。因其後面有一甚長遠之文化大流為之背景。而運用表現的境界甚高。但中國文化是理性之運用表現，故聽起來較親切。似較易了解。然要徹底了解則又甚高，因為這是虛靈的。不

虛則不能靈，不能靈則不能講運用。岳飛說：「運用之妙，存乎一心。」這一心之妙用是至虛至靈的。而虛靈最不易了解，尤其扣緊歷史文化社會政治等問題則更難。所以上次我們講運用表現，特就實踐方面和知識方面講。實踐方面又分個人的與客觀的政治方面。個人的實踐即成聖賢人格。而於聖賢人格處說理性之運用表現，即人格之感召力，所謂「君子所存者神，所過者化」。此境界確為聖賢人格所達到，此實為中國文化之領導觀念。於此你可了解理性之運用表現。其次在客觀的實踐方面，扣緊政治講，則中國只有治道而無政道。治道是運用的，政道是架構的。中國在治道上的成就有儒家的德化的治道，道家的道化的治道，與法家的物化的治

道。物化的治道今不講。德化與道化的治道，都是超政治的境界。易乾文言云：「乾道變化，各正性命，保合太和，乃利貞。」此可表示德化的治道之境界，也即是儒家政治之最高理想。而道化的治道可以道家「各適其性，各遂其生」的話來表明。此與孔子所言「老者安之，朋友信之，少者懷之」，皆所以使人與萬物，均能各得其所，一體平舖。此即順治道走之最高的超政治的境界，它與西方神治實同一層次。上帝治理宇宙不必通過國家政治法律的方式，它只順自然律而治理之，無須這些工具。德化與道化的治道亦如此，故近代意義的國家政治法律，中國一直未出現。中國在以前是一文化單位，不是一個國家單位，它是一天下觀念。其法律亦只維持五倫。法之本身無獨立的意義。又因是聖君賢相的政治形態，故只有吏治，而無政治。政治則必具有客觀精神以顯出對列之局方可，故吾人說中國只有治道而無政治。凡此皆從實踐方面說明中國文化是理性的運用表現，而非架構表現。再從知識方面講，首先我們應知凡科學皆對人而非對上帝而說，上帝理解萬事萬物，不需通過邏輯數學之手續，也不用科學方法，它是一種神智之妙用，它了解萬物是一了而全了，而且是一下子全了。你就此與科學知識對照一下，即可知道運用表現之難以了解，實非可輕易忽視。然而中國需要近代化，需要科學與民主，上帝則不需要這些，因他是自足的。我們是人間，無此即為缺憾，難求生存。因此我們要把理性之架構表現與運用表現詳細講。

今天接著講，如何由理性之運用表現轉出理性之架構表現，即是把兩者貫通起來講。前兩

次的講法是分解的併列的指出，今則須從道理上講明其內在的貫通與有機的統一。復次，中國文化是理性的運用表現，故出不來民主與科學。但我們不採五四時代的立場，以為中國文化與民主科學為敵對，必須根據中國文化之生命，以開出民主科學。五四的態度是取消問題，不是解決問題。因為你若不能證明中國文化一無是處，你即須承認它有一面之真理，是真理就得保存，因此我們必須講通中國文化與民主科學兩者之道理，以求其內在之貫通，有機之統一，此即是落到中國文化生命之根裡，去尋求去成就民主與科學。故無論從道理上或從中國文化上，皆要求我們對於理性之兩種表現有一貫通的說明。

要了解理性之運用表現轉出架構表現之途徑，可作兩步說明：一是分解的說明，即是散的說：一是綜起來作辯證的說明。本來此問題之理路即是辯證的發展，但直接如此講則難把握，故先用分解的方式來表示，較易了解。

從理性之運用表現到架構表現，是轉折上的突變，不是直線之推理，故雖說架構表現必以運用表現為本，但直接卻推不出來。此一面表示兩者有間接關係，一面又表示民主科學有其獨立之特性。凡直接推理可用形式邏輯之方式以把握之，但轉折上的突變，卻是一辯證的發展（於此可逼使吾人去了解辯證法）。所以要把兩者貫通起來，一面以盡其轉折之意義，一面表示其為內在之貫通，有機之統一。普通所了解的貫通統一大都是直線的，形式邏輯的推理表示其為內在之貫通，也是直線的。譬如「凡人有死，孔子是人，故孔子有死」便是一直線的貫通。要就這種表示我們既知從理性之運用表現推不出科學與民主，所以這裡顯然是一種轉折上的突變。要就這種轉折而明其貫通統一，則必須是一種辯證上的發展。大家在此可仔細思考一下，使通過自己之生

命意識，以成一義理之軌道。此關鍵了解後，乃可作分解的說明。

平常人也說，道德不離知識，知識不離道德，此話當然不錯。但此係從外部說，太膚泛，人不覺其有若何意義。凡講貫通，即必須進入內層。在此我們首先須知：凡道德宗教皆落在個人生命上，絲毫不能假借，父子兄弟師生也不能相傳，此最獨特。所謂成德成聖賢皆在人格德性上說，故武訓雖為一乞丐，不礙其為聖人。而真正宗教家，也只在得道福，求與上帝溝通，此絕無法與人共，與人合作，每人皆自成一整全。所以修道不能炫耀。「人不知而不慍，不亦君子乎？」即是此意。一般人總從廣度的企求，要名要利，此須從他人之關係上而得到，因人之生命必時時與他人相通，故知識學問事業名位之類的客觀性社會或公共性的東西皆為其所要求。但凡此皆與做聖賢之本性無關，故道德宗教之落在個人身上說即無需此。而客觀性社會性之事業，亦必吞沒於其個人人格之本性內，而此一點靈明即通上下通古今通宇宙之全，其生命遂顯得非常灑脫靈活。故我常說中國文化講到最後只有三句話：在社會上是五倫，講學是靈明，在政治上是大皇帝。因此客觀性社會性之事業皆不能發達，此即中國文化獨特形態。

但中國文化如此是否已夠？道德理性之表現如此是否已夠？從扣緊道德宗教之本質之「理」上說即已夠，但從另一面說則尚不夠。此所謂事，即超過道德宗教之本質之外，就是說，人生之具體生活不只是道德宗教，道德宗教是必要條件，而不是充足條件。人生方面很多，境域亦很多。此多即是各類的事，此由超過道德宗教之本質之外而透射的事，也不是光禿禿的事，也有其理，即有其本質，事擴大了，本質界也擴大，理也擴大，而這些事又為人生所必牽連，故道德理性之貫注也須擴大。前賢本

已講內聖外王。可見道德理性不能不牽連到外王。唯以前外王是直線地函在內聖中。故外王總

開不出，而道德理性亦只內縮於內聖中。我們現在對於道德理性即須一面內在一面外在

地講。內聖方面的成聖賢求道福是內在地講，外王即是外在地講。為何要外在地講？因為凡有

客觀性社會性的事皆為人間所創造，皆在人生活動範圍之內。既如此，則代表價值之源的道德

理性即必須要照顧到此，不能使之荒涼；道德理性之光明必須照射到此，不能使之黑暗而成為

非道德理性的，若道德理性通不出去而自限，即與道德理性之本性相違。因道德理性是無偏私

的是無遠弗屆的。故說「一夫不得其所，若己推而內諸溝中」。因此絕不能將道德理性之光限

於照射個人人格，只為內在所有，而不足以言道德理性之充分實現。

由此道德理性之過渡到客觀性社會性之事業，乃是良知靈明向外之披露。可是其披露也是

一轉折之突變，此處有順與逆的兩面。過去講外王只是順的向外披露。此不足以盡轉折一義。

我們現在要了解「逆」的意義。有逆之成分才能成辯證之發展。科學知識要靠經驗（耳目之官）要靠邏

輯數學。而成聖賢人格之道德理性（良

知）的發用流行與成科學知識之理解活動是相違反的。（古人於此說為見聞之知與德性之知之違反。）但良

知之光明無所不照，一切人間事物皆為人之業力所及。故不能讓它荒涼。民主科學能為人類造

福，故自由平等工業文明，皆為道德理性所要求。可是從良知直接推不出科學與民主來。表面

上看兩者似相違反，但良知不反對科學民主，並且要求科學民主。即在此要求而又相違上看出

一個逆的成分。科學與民主是理性之架構表現，但只成聖賢人格之良知之用則是理性之運用表

現。在科學知識與民主政治處，皆是有對，而在良知之用處則是攝所歸能，攝物歸心而無對。

故只順良知走，便不能出現科學與民主政體。但科學與民主又為良知之道德理性所要求。它要求一個與它本性相違反的事物。此即是一個矛盾，逆其自己的矛盾。要把這個矛盾解消而貫通起來，故須要求一種辯證法的了解。此其意義即普通所謂相反相成，也即是辯證法所謂對立統一。道德理性要滿足良知之要求科學民主，便不能一味順著良知之本性而為運用的表現，它還要相應科學民主之本性而為架構的表現。它要滿足此要求而實現此種表現，則吾人之心用便不能不從良知之形態暫作自我之否定，而轉為知性形態，對列之局。不能一味順著良知之本性往下滾，不能只是攝所歸能，攝物歸心。因若此便成為無對。必須讓開一步，把「所」與「物」推出去，凸顯出來，與自己成一主賓對列之局，才能轉出理性之架構表現。此即要與自己逆，要自我坎陷，不可一味順。就是古代打天下也得有一步之讓開，否則拒人於千里之外，如何容受得了偌大之天下？此逆的意思用到歷史文化上，黑格爾有「理性之詭譎」一名詞，他說上帝利用人之自私自利以成其道。此即上帝（理性）之詭譎。王船山也以秦廢封建為自私，但廢封建對皇帝其實並不好。故天順其私廢除封建，以實現天道之至公。這亦是理性的詭譎之意。在此意義上，即今共產黨的殘暴惡行，也有其清毒作用。故凡辯證的發展，必須有此逆的一步。國家政治法律與邏輯數學科學，皆有其獨立之特性。在以前皆不顯，現在要顯出來，則須道德理性不再攝所歸能，攝物歸心，而能自我坎陷以顯出之，否則仍如我上次所說光有山川氣象，無建築物以陪襯之充實之，即只是空蕩蕩的。所以今天必須開出架構表現的國家政治法律與邏輯數學科學，以充實發揚道德理性之光。於此黑格爾稱為客觀精神（凡民主科學皆為客觀精神）。中國文化只有主觀精神與絕對精神，而無客觀精神。故民主科學皆出不出現，知性形態亦

不顯。而中國人之理智遂無恰當之使用（恰當之使用即指出現科學知識），而只用於人情世故及政治上之勾心鬥角，故大壞。（關於此，唐先生近在民主評論上有「科學對中國文化之價值」一文，言之甚精詳。）上面這樣分解的說，可以說的很多，今天暫說到此。

廿五、民主政治與道德理性

上一次我們講從理性的運用表現轉出理性的架構表現，是一分解的說明，即在分解地指出它是一種轉折的突變，並說明其是辯證的發展。此一轉折乃是曲轉，非是直轉。凡直轉皆可用邏輯推理明之。故從格致誠正修齊可直接推出治平之道，也即可從內聖直推外王。而從誠意正心之運用表現以成就科學民主，則是曲轉。此中有逆的成分。吾人須知：凡真美善皆為道德性所要求。科學求真，故道德理性亦必要求科學，要求我們心之光能照射於外物。民主政治較合理合公道，故也為道德理性所要求。但道德理性可直接成聖賢人格，卻不能直接成科學民主。故須經其運用表現自我否定，轉化而為架構表現。如此即與其本性相違反。

運用表現是「攝物歸心」、「攝所歸能」，是無對的。至聖賢人格之德化也是無對的。但是要成就科學民主，即須在此無對處落下來轉為架構表現而成為有對。有對之架構表現與無對之運用表現相違反，此即逆的成分。自我否定而成就科學民主，此乃辯證法的。即是道德理性以退為進的迂迴的通出去。也即是對立之統一。如此講法乃相應辯證發展而為分解的說明。

上次所說綜起來講，即直接作辯證的表示，以明其辯證的發展。凡辯證的往前進的方式，其逆的成分最為重要。所以有激盪，有波浪。在激盪波浪中每一曲折形成一獨立性的東西，即有其本身獨立之結構。但在此辯證的發展中可予以貫通起來。以往內聖外王的講法，外王只成為內聖的作用。其外王無獨立的特性，不能成為一獨立之領域。故客觀性的建築

（事功）不能出現。所謂「雲過太空，了無痕跡」，即可見其純為作用之表現。凡作用表現皆是驚天動地即在寂天寞地之中。只要一正心誠意，即全幅呈現。（反之，即一切壞，即昏天黑地。）故在理性之作用表現的文化生命裡不能出現科學民主，於此吾人可知科學民主有其獨立性。此具有逆的成分之辯證，可前後貫通，而每一曲折又仍有其獨立之特性。此即客觀之實現。而內聖之外王則是主觀（或絕對）的實現。如上次講詞中「夫子之得邦家者」云云與「所存者神，所過者化」一段話，與耶穌以手摸病人其病即愈，皆是主觀的實現或絕對的實現。凡辯證的發展，皆旨在相應有獨立性的東西而為客觀之實現以明道德理性之大通。科學民主自理性之架構表現言，皆與道德理性之本性相違反。因此科學本身是「非道德的」（非不道德，也非超道德）。在此有所謂「道德中立」之說。民主政治體內之各成分亦可只是政治學地用邏輯理性來講解，而與道德不相干。但吾人須知：民主政治本身即是一大的道德之實現，而科學之求真，智光之照射於外物，亦為道德理性之客觀實現之所必經過，故要在此開出科學民主，則必為辯證的。是即明道德不能內在於自己而作直線的推演，因此乃自我封閉，因而變成一墮性，而道德也要成為非道德。此即自我矛盾。要克服此矛盾而恢復其道德性，即須讓開一步作自我之否定，通出去繞一個彎而再回歸於其自己。否則道德要停死在那裡。中國文化即有此一病態。故船山言南宋君子以律己者而衡人，遂不自覺而流於殘酷。其結果乃惡惡喪德而成為非道德。故恢復道德性，不能內在道德自身而直推，因它是一辯證之發展。故要引發科學，必須自我否定，不要光維持運用之表現，必須自我坎陷而轉出架構之表現，作一步客觀之實現。如此道德理性之要求科學，乃得以實現；而道德理性也反而在此步坎陷中可以通出去而不停死。於

科學如此，於民主政治亦然。

民主政治乃是「公道」的實踐，當該有其道德性。但在這裡何以說與道德不相干？此有個緣故。現在一般人了解自由平等權利義務，是純政治學的講法。張佛泉先生即說「自由即人權」。他們是將自由一概念散開的說，故說人有言論、出版、信仰、集會、結社、居住、遷徙等權利，即是有此種自由，故自由即人權。這是科學的態度，此種說法限於政法學的立場是對的。但他不該反對道德自由與意志自由。他們以此為抽象的玄虛，形而上學的爭論問題。故他們講自由乃截斷而只散開地講，科學地講，列舉地講，不准通著道德理性意志自由講。此種講法是純政治學的講法。政治學是一門獨立的科學，政治本身也成一獨立領域。故可與道德宗教劃開。但因他們不知民主政治乃實踐的事，不能不與道德理性意志自由有關。從政治學的立場似無關，然從實踐的立場，則不能無關。他們認為一有關，通著講，便是泛道德主義，有助於極權獨裁。須知此中大有委曲。豈可如此操切割截？在西方中世紀神權政治下，政治統攝於宗教，無獨立性，西方之講道德也是從上帝講（中國則從心性講）。到文藝復興後，民主政治出來了，政治乃與道德宗教分開。故純政治學的講法亦因而成立。因政治乃一獨立性之科學，所以民主政治內部諸成分以及其關係，皆可用邏輯理性來講解。此「自由即人權」一說之由來。他們不贊成貫通著講。因他們所意指之貫是直貫。故以為以道德貫政治，即失去政治之獨立性。因此一提到道德與政治有關，他們即以為是泛道德主義，教條主義，有助於極權獨裁。其實民主政治既實現公道，如何能不與道德理性有關？問題乃是他們只知有直貫，不知有曲貫而已。

總之，說「自由即人權」，說道德理性與政治無關，政治學的講法可以，不講上一截的道德理性也可以，但不准往上通則不可以。須知權利非憑空而來，乃從長期之流血奮鬥而獲得，在此則必須落在實踐，說實踐則必通道德理性，意志自由。只割截地講自由，乃吃現成飯，把前人為爭人權而流血奮鬥的史實忘記了。吾人應知自由平等博愛之要求，是人性之覺醒：而此後能以實現自由（諸人權）平等博愛，則為奮鬥所得之結果。此如何能不通著講？唯剋就民主政治之成立是理性之架構表現言，由道德性不能直接貫下來，故民主科學雖根源於道德理性之要求，而民主科學則仍保持其獨立之特性。只要明白是曲貫，非直貫，便不是泛道德主義。

你不能認為一講貫通，便是泛道德主義與教條主義。

古人所講之外王乃是內聖之作用。故由理性之作用表現處看，可以說是泛道德主義。但此泛道德主義卻又不極權，不奴役。如大權獨攬之皇帝也要德化之，以成就德化之治道。因之此泛道德主義不但不助長極權，且正好是對君主專制之沖淡。故要神化皇帝以成聖德，使之不操縱把持，能讓開一步。故此泛道德主義實乃徹底散開的個體主義。故說：「魚相忘於江湖，人相忘於道術。」而今人講道德乃就西方文化之宗教背景上講，讓人歸於自己本位而成德。因此它要求君相與人民相忘掉其為君相人民及其與政治之關係，故道德乃成為教條化、格律化。儒家則從人性上講，從個人成德之生活上講，此則非教條、故儒家不成教會，也無維護教條的異端裁判所。其教義乃五倫，而五倫實非教條，乃人生之常道。道家在此講「各適其性，各遂其生」，儒家則講「盡心盡性」。故中國之泛道德主義是對於君主專制的一種制衡作用、沖淡作用。因對政道無辦法，故不得已而出此。此乃「權法」，但他絕不奴役人民。當然如此並不

・123・

夠，故要轉出架構表現。

但泛道德主義到了教條化格律化時，即成為極權。此可分兩方面說，一是隨便取一格律以為道德，如共產黨以唯物論為其道德教條，此則非極權奴役不可。一是把道德教條化格律化。西方中世紀則因宗教之教條而把道德格律化，如西班牙有一女人在星期日換一件襯衣，即觸犯教條而成立罪名。又如希臘哲人畢塔哥拉斯所訂之奇怪的規律，如「人人必須學幾何」，「人人必須吃豆子」之類，此乃極無理之教條。現在一般人皆習於從西方文化之背景講道德。殊不知道德在西方始終未講好。其道德之基礎乃在宗教。而中國人講道德，其基礎則在人性。故主「性善」。依於宗教而講道德易於教條化、格律化。用之於政治而成為泛道德主義，則必奴役人民。

除泛道德主義，還有一名詞，即泛政治主義。此即政治生活概括一切，所以必然極權。西方之神權政治只能說是教條化的泛道德主義，不能說泛政治主義。真正的泛政治主義只有共產黨。在它，泛政治主義與教條化的泛道德主義是一，故必極權奴役。但只限於政治主義之立場講自由，而不准往上通，並詆詆講道德理性與意志自由者，其弊亦同於泛道德主義，而亦成為一種泛政治主義。泛科學主義與此種泛政治主義一氣相通，同為淺薄之理智主義。此必陷於現實一域而窒息文化生命與文化理想。此一形態之泛政治主義，即孔子所說「好智不好學，其弊也蕩」。「蕩」即「窮高極廣而無所止」（朱注）。故它一味放大自己之獨立性，而完全抹殺其他。講到此即知吾人之講法既非泛道德主義，亦非泛政治主義。他們要如此說，只是他們不好學，失之在「蕩」而已。泛科學主義亦是如此。

理性之架構表現與理性之運用表現，說到此大體已告一段落。吾人講這些問題，一面為貫通時代，一面也為了解中國文化之特性以及其缺憾，以期開出一條文化生命之坦途。

廿六、普遍性與個體性

今天世界兩大集團之鬥爭，說到最後，實在即是普遍性與個體性的問題，自由世界要保持個體性，故特別強調維護個性與價值、但因此普遍性遂不顯。而其徵象（或說毛病）即理想透不出來，故不能爭取主動（凡講個體性過分即如此）。遂讓共產黨在此時代大出風頭，因它代表一普遍性。其徵象是：反面抹殺個體體，故無自由民主；而正面即表現理想性。雖然它只是一理想之影子，並不真是理想，但你看不透它，即為其所迷惑，而為其所吸引，使你為它而奮鬥犧牲。這個時代人的苦悶與痛苦即在此。而吾人之講法則可兩面兼顧。但必須成一風氣，始能開出坦平之途徑。然而問題即在時下人於此不能有所認識，不能透出。今日在自由中國，我們可以理直氣壯的講話，因為在此你沒有對立，真美善好像皆由左傾而表現。其情形實與以前大陸情形一樣。但換一地方如日本，則不行。今天日本人皆左傾。真美善皆可在你這裡表現。但今日在自由地方如日本，年前我們在大學教書則甚苦悶，別的不談，記得有一次講「全稱命題」，我舉例說如「殺人者死」，若翻成命題形式，即是全稱命題，當即有一學生問此法令是誰訂的，我當時即知其意，他是由此例去想政治鬥爭了。我即告訴他，此時是講邏輯，你此時也只求了解邏輯，不應讓政治立場佔去了你全幅心靈。例子多得很，除此以外，我們盡有其他例子可舉。只此一點，你即可知那時教書與言論之難。今天日本即是如此，所以在幾年前的大陸與今天之日本，說話寫文皆須有委曲。因理想為他們所表現。此中之癥結即在普遍性與個體性一問題上。

吾人說「理性之運用表現轉出架構表現是曲貫」。說到貫通，無論是曲是直，就必須有超越之普遍原理，必有一普遍的精神實體。此乃底子。理想即從此而來。有了普遍性，吾人之生命才能客觀化，即首先使生命從個人軀殼裡突出來，進而從家庭，親戚朋友之私情裡突出來。如此你才能獻身奔赴理想。否則如蝸牛般的縮回到身家，你則不能奮鬥，不能實現理想。而普遍性此一原理，則首先且最易表現此一面。從東方（中國可作代表）歷史文化方面說，西方人有一異口同聲的傳統說法，即「東方人有普遍性而無個體性」，近代如黑格爾·凱塞林，與今日之羅素、湯恩比、陶遜等皆如此說。中國文化從其思想家之把握真理來講，實最易把握普遍性。如道家之道，理學家之一體，與佛家之涅槃。凡講學問講道理到最後，即非把握普遍性不可。因非如此則不能到家，不算覺悟，不算重生。（西方把握上帝，即把握了普遍性。）必須到此一步，生命才能客觀化。故凡歷史上某一時代能透顯此步時，此時代即為一有理想之時代。

但吾人應知西方人何以講中國人只有普遍性而無個體性。此即儒、釋、道三教雖表現普遍性，但要將普遍性返回到個體性內而有一統一之表現，即感不夠。儒家既承認普遍性，也承認個體性。如「仁」即普遍性之精神實體，而「親親而仁民，仁民而愛物」，即表示一差別性（個體性）。孟子堅決的反楊墨，即因墨子講兼愛，而兼愛不能表現個體性（其講天志，即代表一普遍性）。而楊朱主為我，即不表現普遍性，無理想。故力闢之。但儒家要將普遍性返回到個體性使有統一之表現，則仍是不夠。道家之道，即絕對之普遍，即一大

渾同，根本忽視差別性。佛家則只成一出世的涅槃之普遍性，其精神為捨離，故個體性更不能

說。三教於個體性，或不夠，或忽視。因此西方人之說法是可以講的。

普遍性不能客觀表現，在思想義理上即成為抽象的、乾枯的，而無內容。在此必須由抽象

的轉為具體的，由乾枯的轉為潤澤的才行。若從歷史文化之表現看，亦顯示：只有普遍性而無

個體性。首先是「命運」一觀念，人們蟄伏於其下自覺地服從它。如印度之階級是先天的，是

一死東西，不似西方之階級能起作用。其道德宗教哲學科學表現極其平凡卑陋，而人民則隸屬

如遊魂似的，是一夢境。再次就是統一，國家，此也是代表普遍性。而中國之統一也是呆板

的、凝固的，由打天下而得來。而此統一即由大皇帝以替天行道的姿態來維繫。而人民則隸屬

於其下而不起作用。即改朝換代亦與人民無關，如此組成國家之諸細胞的個體性即無由表現。

所以從命運到夢境似的精神生活，到大王朝之統一，皆所以說明東方人之有普遍性而無個體

性。

西方人又說，東方人是金字塔的精神，是萬里長城之精神。秦始皇為何修長城？為的是防

胡，但使用的則是奴工（孟姜女的故事即表示一悲劇）。用奴工則不把人當人看，忽視人格價

值，此乃量的精神（光有普遍性，無個體性）。凡量的精神皆最能表現氣魄，表現一種量的偉

大性（中國在此有許多可稱讚處，但內中有血有淚有悲劇）。量的偉大性能引發崇高性，大氣

魄也即是一種壯美感。而西方希臘則表現幽美感，故其生活美、有靈感，崇尚自由民主，重視

個性價值，這是一質的精神。於是，西方人逐以共產黨乃東方精神的產物，因它一面表現氣

魄，能吸引人以奔赴其虛無之理想，他可以告訴人說為了共產社會之理想，這一時代人當該吃

苦，當該犧牲，甚至全殺掉亦在所不惜。另一面則講黨性，講階級性，而抹殺個性，此即代表一量的精神。東方人既無個體性，故最易為共產黨所吸引。此所以說共產黨非西方文化（希臘）主要精神之產物，此非全是偏見。但共產黨之始祖馬克思終是西方人，此乃因西歐文化發展到了近代之後即已「量化」。（此謂量化，可以科學、工業、技術來規定其意義。）量化精神把人的靈魂窒死了，把人的精神壓死了，因此引出了馬克思。此即孟子所謂，「物交物則引之而已矣。」

而共產黨在中國出現，即說明中國文化亦有接受共產黨之底子，如財產即在西方視為神聖不可侵犯，而中國士大夫即視為「阿堵物」，毫不關心。但他們對生民之福禍疾苦則異常關注。漢代士大夫即要求「以道德統學術，以學術統政治」。此即有社會主義之傾向。故今天許多老先生常於此割不斷。在許多地方也同情共產黨，即因其性情、責任感與理想，皆為共產黨所吸引故。如抗戰時期梁漱溟先生在重慶組織民主同盟，專為共產黨說話。我當時即勸他說：「如程朱陸王生於今世，必不做此工作。」當時他即不以為然。最近徐佛觀先生在一篇文章中，也說到中國知識份子可分三類型：一是公孫弘，叔孫通之流，一是儒林傳的人物，一是文苑傳的人物。文苑傳的人物有才華，很圓通，但不表現理想性，故不能真有成就（如蘇東坡）。中國知識份子到清代以至今日則整個兒失了儒林傳裡的人物。儒林傳之人物在今天則逆流而為共產黨徒之反動形態。而少數能代表儒林傳之人物如張君勱先生，在此時代則備受排擠與抨擊。其實今日讓民主科學的對民主科學可說毫無貢獻，而他們罵為玄學鬼的張君勱先生，反而為中華民國訂出了一部憲法。

總之，馬克思在西方出現，與共產黨在中國出現，皆有其根源。此即是皆於量化之角落中出來。西方人講中國人有普遍性而無個體性，可是很深刻的觀察。而西方人自己則把握了個體性，故能實現自由民主，發展個性價值。但其文化發展至十九、二十世紀，因已趨於量化之故，其個體性即陷落而為現實的，而不表現理想性。此則不能無病，故必須貫通普遍性與個體性而後可。

現在我們進一步問為何個體性要靠普遍性？為何普遍性與個體性要貫通起來？為何要成一統一之諧和？黑格爾學派稱缺乏普遍性之個體性所成之個人主義，為非批判之個人主義。故是自我中心，自私自利，完全是現實的、形而下的。復次，若無理想與普遍性之提撕與涵蓋，則你之人生是盲目的、寡頭的、生命也無一妥當的安排。而落到政治上即不能合作，成一盤散沙。中國近三、四十年來政治未走上自由民主，社會則極端的自由，無限的放蕩，因而產生毛澤東之專制獨裁。而法國大革命之結果，也即由非批判之個人主義造成暴民政治，終於出現了拿破崙之專制。因此要保持個體性以充分實現自由民主個性價值，則必使個體性套於普遍性之原則潤澤一下，使普遍性與個體性貫通起來。今天把握假普遍性的是共產黨，表現個體性的是現實的個人主義。英美諸國在各方面已成制度。所以雖不表現理性，但國家政治尚可靠制度來維持。然而一旦崩壞，維持不住。是即表示只有現實的個體性而無普遍性，並不足以真言反共也。非批判的個人主義並不是真正的個體性，因而自由民主個性價值，亦只成了習慣的、現實的，而喪失其理想性。今欲恢復真正的個體性，恢復自由民主個性價值之理想性，則必須透現普遍性。

但普遍性不是一隔離的空的普遍性，而是在一定形態下表現而為一定制度，足以保持吾人

之個性的普遍性。譬如國家代表普遍性，但其組成份子必須要有自覺能起作用，使國家之統一

成為真實之統一，有機之統一，則國家之普遍性始為一具體而真實之普遍性。而同時各份子之

個體性，亦必與代表普遍性之國家有關，而不能只是漫蕩的寡頭的個體性。個體性與國家之關

係是具體地表現在權利義務之關係中，而真正表現自由民主之精神維護自由民主之制度，一方

面固保持吾人之個體性，而同時一方面亦即透現一普遍性。若不能透現普遍性，則自由民主之

制度是不能保持的。此即為普遍性與個體性之有機的統一。西方黑格爾即在此一路數上講國

家。但人不解其義。遂誤認其有助於專制獨裁，目為勸王學派。此實為非批判的個人主義之觀

點。非批判的個人主義即是在生活上自私自利，生命無妥當的安排，政治上必引出極權。在抗

戰時我對數十年來中國社會軌道，生活風範均已解體，一

般人只剩下一赤裸裸之個人中心之奔馳的生命，乃為共產黨所吸引，而共產黨之理想又寄託於

極端虛無之普遍性上，即無家庭，無國家，無一切價值內容之「大同社會」。下面極端個人中

心之自私，上面即嚮往一虛無不著邊之極公以為其生命之託命所。我們常聽人說「天下青山，

皆可埋骨」。此即表示一遊蕩之普遍性。光棍漢一無所有，乃日暮途窮，倒行逆施。無真正的

個體性，亦無真正的普遍性。

吾人須知極端自私與極端大公是相反而相成。我們若能從個體性與普遍性之統一中湧發理

想，則共產黨實不足平。光是嚷嚷自由，那只是消極之意義。猶如關在監牢的人要求自由，然

一旦釋放，反而生活無著，甚至無家可歸。此即無理想之故。要從自由轉為理想，即非轉出普

遍性不可。因此貫通普遍性與個體性，實為解開時代之死結之不二途徑。今之講自由民主者，只一味拖著往下講，不准著往上講，以為一講普遍性即是有助於極權，此實忽視時代之癥結，不知問題之所在。死的、遊蕩的、虛無的普遍性有助於極權，而且必轉為極權，因為它不能與個體性通起來，故必抹殺個性，芻狗人民，以奔赴其虛假之普遍性，此為私智穿鑿，立理以限事。然與個體性通起來的真實而具體的普遍性，則是本於人性成事定制之構造的普遍性，此則正是極權之衝破，何可不講？民主制度之成立，正是此普遍性之表現。希特勒自是希特勒，黑格爾的哲學自是黑格爾的哲學。吾人以為黑格爾的哲學所表示的原則，德國形態的統一建國，固可視為此原則之表示，英美形態的統一建國亦可視為此原則之表示。只要普遍性與個體性能有機地統一起來，訂立制度，保障自由，便是此原則之表現。並非英美形態必合拉斯基之原則，而黑格爾之原則專應德國形態也。納粹與共產黨自是近代西方文化趨於量化後之反動，是虛假的歪曲的普遍性，故極權專制奴役人民也。

廿七、黑格爾哲學與存在哲學

理性之架構表現，注重知性之作用，是一靜態的講法。通著黑格爾歷史文化及權限哲學講是動態的講法。這皆是往外開。到黑氏即把往外開此一意義充分的展露出來。中國文化發展到現在實需要此一部份。因宋明理學家乃做的往裡收的工作，到陽明即已至顛峰，此後乃形成一大閉塞。故需往外通，往外開。但在西方則反是。近代西方思想，可說整個是往外開。而黑氏由向外之疏通致遠的工作實已到家（充分實現）。峰迴路轉，其思想實應轉而往裡收了。此一大轉向之「機」即從黑氏那裡逼出，然而黑氏以後百年來的西方文化大體仍是往外開，不但是往外開，而且是向下墮，墮於自然主義、功利主義、唯物主義，全失黑氏由內向外之理想主義。這也是存在主義盛行於歐陸的原因。（存在主義之在歐洲大陸出現，亦可說理有必然。蓋西方文化之大傳統在歐陸，而歐陸的人歷史經驗多，對於艱苦之意思體會亦較深切，故能出現存在主義之哲學。）而此一「機」之所以自黑氏逼出，乃因黑氏向外開所成之泛理性主義，泛可知論。他將一切皆予以理性化而納入其大邏輯系統中。因之與黑氏同時之謝林在一次講演中，乃說到黑之思想有一問題不能解決，即先從其純思想（純實有）過渡不到具體之存在。講演時少年黑格爾派的恩格爾斯、巴古寧、契爾克迦德等皆在座。這些人皆不滿於黑氏「純思想」一線發展，而契爾克迦德且以謝林之說法仍不夠。此即表示謝林之哲學，仍不接觸具體之存在，由存在的觀點以講人生，體悟道德宗教之在「存在的人生」方面之作用。此即說明自黑

· 133 ·

氏所逼出之此一往裡收的「機」，經謝林之挑破，而蘊藏於此丹麥哲人（契氏為丹麥籍）之思想中，到現在之存在主義始真正發出。

然而黑氏哲學之毛病則頗難説。社會一般之批評大體皆不對。少年黑格爾派也不真懂黑氏。然黑氏影響之所以如此之大又大半靠馬克思之力量（馬克思亦係少年黑格爾派），而馬克思即是最不懂黑氏且最壞黑氏之學著。一般人極難欣賞黑氏，故亦不贊成黑氏。如今社會上之喜歡講黑氏，則大概從共黨來。此乃政治之關係，故大生攪擾，因之連辯證法亦不得真解（倒是佛家與道家反真能懂辯證法）。人常批評黑氏講國家，以為有助於極權。講歷史哲學即有礙於歷史之求真實及其客觀性。時人此種淺薄無聊之論，大概由英美來。因英美思想重科學分析等，是經驗主義的，功利主義的（依理中國人之思想絕不會停在英美思想之層次上，此只表示今日中國知識份子之不長進而已），歐陸之人絕不至於此。

存在主義批評黑氏則很簡單，即不滿其將宇宙説成一純思之系統。純粹思想是抽象的普遍的，黑氏講宇宙乃以「純有」為起點，由純粹邏輯推出來，以成一合理之系統。此必把握普遍性。它透過具體事實以把握理，即扣緊具體事實來分析透顯其背後之理。而純粹之「有」是極端抽象的。即將差別相抽掉，而成為抽象之普遍性，不決定性，光禿禿的。在此純有即等於純無。如何從純無演變成有，此即必使純有在辯證之發展過程中，步步限定和決定其自己而顯出眉目來。即演變出具體世界中各種領域（大別之為自然的宇宙與精神的宇宙）可理解的諸範疇。將自然世界之有機無機，精神世界中之諸成分一同展露其「本質的根據」。凡可理解的必有一「理」（朱子之理、柏拉圖之理型皆是理，上帝即為理之綜匯）。而講範疇則康德是分解

的講法，是散開的，不能統一，黑氏之諸範疇即在辯證之發展中統一起來。然其創造之大系統

雖「放之則彌六合」，但它是單線的同質的發展，是一條鞭的，它如同滾雪球，越滾越大，但

總是雪。故看康德很是熨貼，看黑氏則否。（然能落到具體事實上即好了解，即亦熨貼。）故

人看黑氏書，鮮有不起反感者，故黑氏之大邏輯系統實可不必要。然而謝林之批評黑氏則並不

中肯，因黑氏本不必要推出具體之存在，而是要演出範疇。（即只能推出人之本質，而不能推

出人之存在。）故黑氏之意只在說明存在，而不在推出存在。而契爾克迦德則批評黑氏之所

講，都是抽象的、普遍性的、非存在的、非人格的、非個性的、非具體的，皆是客觀化的、理

性化的、形式化的。乃將原始生命放出去投射到普遍性的純理世界中。此即不能接觸真實人

生。契氏此講法是從存在之觀點上講，非從理智的思辨上講。純思辨地講道德宗教之所以可能

之理是講哲學。而契氏乃從道德宗教之體現上講。此即要實踐，要去做如何成為基督徒的工

夫。重「如何」（How），而不重「是何」（What）。契氏此一途徑，卻正是中國文化所走

的路。儒釋道於修行中成聖成賢，成佛成道，皆是實踐的，理學家講學問亦絕不離開實踐而講

道。故中國以前講學倒真是從存在的進路入，非從純思辨之觀點講。蓋要享受道福，必在具體

之人生實踐中體現道福。故黑氏講道德宗教是解悟的，尚不是證悟的，多重其文化上的價值，

而未措意於人格上的受用，個人踐履上的體現。但黑氏可答辯他只是講明道德宗教之本質。故

他只負說明之責，而非實踐的。講學問本可有此兩面，非必黑氏為不對也。

講學問可從非存在之觀點轉到存在之觀點。黃宗羲所謂「心無本體，工夫所至即是本

體」，即將非存在的統攝到存在中中來講。此是踐履的。而在西方二千多年則皆是非存在的講。

是理論的非受用的，故不了解具體真實之人生。至契氏乃力反黑格爾哲學。然要講歷史文化，講國家，講政治法律，則必講客觀化，蓋如此，才能開人文世界。如要講福，建立人格，覺悟振拔，得重生，即需走存在之路。（與上帝同在即有道福，但此不能講歷史文化，要講即須通出去。）故契氏主要乃反黑氏之泛理性之系統，和泛可知論。把宇宙之奧秘置於智之玄思之照射之中，皆可知可解。此只是思辨的，非存在的。此於存在的人生之艱苦奮鬥，並無多大助益。至少也不是直接相干的。孔子五十而知天命，也只知此天命而已。從其「知」言，是可知，（智光已照射到了）從其所知的是「天命」言，則又是不可知，有一超越者在我之外。

凡成聖者，皆承認宇宙有無限之神秘，故有廣大之心量與謙卑之情。但從哲學思辨上講，即必如黑氏般講，而從存在講，卻又不能如此講法。講歷史文化，必講發展，講進步，而自存在上講道德宗教，即各自圓足，乃一永恒。是又無所謂發展。亦無所謂未來勝於往昔。中國文化即如此形態。（吾在歷史哲學中以綜和的盡理之精神與綜和的盡氣精神說中國文化也是此意。）然此雖是真理，而吾人自己反省又覺不夠，故需往外通以開出外王。存在主義同時亦反笛卡兒之「我思故我在」。由思所顯之我之存在，乃邏輯之我，非存在之我。其存在是「思」，實非具體的存在。此即不能講道德宗教。但要講科學知識，則也不能少此一套。此只能說各有所當。

契氏思想之出現，實一眼看到西方近代思想末世衰微之傾向。非人格的傾向，非立體的傾向。故一反其傳統而主往裡收，即重歸自己之主體肯定人格個性，以另開闢出一光明之源，透露一真生命之機，吾人順契氏之學回到自己來接中國學問，當能有一番新意思。吾人之講法也

能較契氏為積極。故我們固不反對存在的，亦不反對「非存在的」。邏輯數學科學知識是非存在的，而「存在的」不只是道德宗教，而客觀實踐的歷史文化民族國家也是存在的。不能認為往外開，客觀化，即是「非存在的」。不過有本末而已。道德宗教之存在的是本。它真是價值之源，真是光明之所在。你若不解，乃你自己之墮落。最近我給唐先生寫信，內中曾提到西方哲學亦有天地人三才之鼎立，傳統哲學（即自希臘哲學到笛卡兒康德黑格爾之系統。）表現「天」德。懷特海的自然哲學表現「地」德。存在主義即從人生說以尊崇「人」。中國古代講天地人三才並建，而尤重參天地贊化育之人，此正是我們人文友會成立之初念（即成人文教）。近義了解具體之人生，再來肯定道德宗教，此正是存在主義所表現之意向。吾人從存在之意代中國人對於自己之文化懵無所知，縱有談論亦失本旨。存在主義之思想正給予吾人一新刺激，逼使吾人回頭是父。凡我人文會友在此尤應發大心立大願，以全幅生命貢獻於中國文化之創造與復興，故我渴望諸會友皆能認真讀書從學。

廿八、中西思想諸問題之討論

各位會友，一年半來我們的聯會從未間斷，就是遇到新年（如去年元旦）亦照常舉行，此種精神甚是難得。這次本預備將西方存在主義要講一講，因資料尚未譯印出來，而今日又是一年之終了，故大家可就一年來聽講所得之啟發受益，及平日思想學問上之煩惱困惑，表示一點意見，提出討論。因為光是被動的聽講也不太好。吾人所講皆與歷史文化時代國家有關。與學校上課不同。所以大家討論是必要的。

討　論：

（一）陳修武問：荀子講禮法在何處立根據？

先生曰：荀子講禮法之路與孟子不同。孟子從道德的心講。道德的心即實踐的心、創造的心，也是動態的心，故能成就人文世界。而荀子則從辨心講，辨心即認識的心，也是靜態的心，此較易了解與把握。（釋道之心也是認識的心：虛靈明覺的，超科學的。）孟子是心性合一的，荀子則重心而輕性。故其講禮法不在人性上立根據。其禮法遂成外在的，其理性系統之根乃自然主義之底子，重權威，故後來可

· 138 ·

轉出法家（荀學即差在此一點），故「性善」絕不能不肯定。因此乃價值之源。是理性理想之形而上的先天根據。故中庸說「天命之謂性」。一般人從心理現象生理現象講人性是氣質之性。然「氣質之性，君子不謂性也」（橫渠語）。性必從覺悟重生上講。故曰明心見性。荀子之學實缺此一面。故其言禮義之統所依據之基本精神與心思之形態，乃與孟子所代表之正宗儒家殊不相應也。

（二）郭有遹問：王陽明說格心之物，格意之物，是否與黑格爾「對其自己」之意相通？

先生曰：陽明以心之所發為意，意之所在為物。物必統於心，故自心外無物，心外無理。其格物非格心外之物（朱子言即物窮理，其物在心外，故其格物是格外在之物）。故其言格心之物，格意之物，即是致良知。此是一工夫過程，覺悟過程，當其良知披露時，即黑氏「對其自己」之意。

（三）逄濟民問：黑格爾以中國人民無個性無自由，恐未妥，其確切意義究如何？

先生曰：黑氏之意以中國人民未成一公民，乃剋就立憲政治而說，公民乃近代觀念，中國以前只有天民，而無國民、公民之觀念。周公孔子是大聖人，其思想聖德當然影響中國之歷史文化政治甚鉅。然其影響乃自上而下的，即所謂「君子之德風，小

人之德草」。乃道德之意義，非政治觀念。唯公民才有政治之自覺，能自覺才有個性自由。未至此步，則四萬萬人皆是義皇上人，實未盡建立國家與訂立制度法律之責。故此是一立憲政治問題。乃是要使政治形態從君主專制向立憲政治進一步。孔孟與理學家固亦常講覺悟，講自我作主。此當然有個性有自由。然此乃道德意義，是主觀自由，故能成人格成聖賢，而不是客觀自由。中國以前實未進至主觀自由與客觀自由的統一。故顧亭林有亡國亡天下之說，以亡國只君士大夫有責，而亡天下則匹夫匹婦皆有其責。到曾國藩平洪楊也仍是此一意義。因其是道德文化之意義，道統固不可斷絕也。故他只衛道統，非是忠於滿清也。明乎此，則黑氏之言亦未始不可說。

（四）梁尚勇問：：黑格爾之學是否與民主思潮相容？若然，爲何近人以其有助於極權而大加反對？

先生曰：：黑氏喜講主體自由，重個性，以見其能與民主相容。而近人以其有助於極權，十之七八在人之於黑氏無善解。而黑氏之毛病只能負一二分責任，此即其太重視必然性。他將個性與普遍性，主觀自由與客觀自由皆予以統一，而成為全體。一切皆需通過國家之整全始成為有價值。故黑氏有歷史哲學與國家哲學，而缺少人生哲學、社會哲學。他把人與國家拉得太緊，使人無鬆氣之餘地。（須知人可不顧

天不顧地，而專求表現藝術諸事。人間固亦必須有以容之。）且黑氏講國家，乃
從「理念」上講。然理念上之國家從未實現且將永不能完全實現。而現實之國家
通常由政府代表，此則不能無現實之病。人人可有自覺要求政府，然國家之理念
則不能變，不能推翻。人或以德國尚極權獨裁，富侵略性，而黑氏乃德國人，實
則德國是德國，黑氏哲學是黑氏哲學，未可一概而論。（此上可參看唐先生人文
精神之重建書中論自由之文。）極權專制實不可亂講。今人怕講國家整全，怕講
全體，而喜講原子散立式的個人自由。其實成極權與否，全與統一之原則從何而
來。從民族生命之根而發，抑由外來之思想理論與壓力加上來（如共黨）。依黑
氏意，法律制度皆由民族生命發。其顯著之例，如階級在西方歷史文化中能起作
用，而印度之階級則否。即其階級制度純靠外在之命運自然而定之故。凡自覺尚
未到法律制度之創建，則只有主觀自由而無客觀自由，有法律制度而未經過自
覺，則只有客觀自由無主觀自由。此皆只不足言民主政治，民主政治不許有任何內
容之思想主義，首出庶物以為教條。而共黨則以其唯物主義為教條。王船山嘗言
「有即事以窮理，無立理以限事」。共黨即立理（如其唯物主義）以限事者，清
儒謂理學家以理殺人，實則只有今天共黨才足當此。即歷史上之大暴君，清亦未有以
一理限制人如今之共黨者。斯賓格勒曾說及近代世界代替帝王貴族者，乃立名詞
概念之思想家與利用此名詞概念之資本家野心家。立理限事之害此可概見。而力
反黑格爾的個人自由主義，推至其極，則二人即不能合作。更不能講統一。上則

必歸於下沉而不能上升。

又問：解決思想上自由與組織之問題是否以黑格爾為最好？又先生嘗以黑格爾比王船山，兩人異同如何？

先生曰：自由與組織，羅素即曾以此名其一書。此兩者固必求調和。其途徑是否以黑格爾為最好，這問題是要看從理上講還是從事上講。從理上講，則有一定。羅素之講法乃從事上講。而黑氏講個性與普遍性之統一（亦即要求自由與組織之調和），乃是從理上講。故有一定，而且最透，發展的最到家。英國人講這類問題，總喜歡從事上講（因其淺顯易解），不必能透此理。但表之於行事，實亦不背乎此理。唯其意識上之觀念不必能及此理。但在就事而言的人，這亦不要緊。英人最現實、最保守（如以保守為政黨名，只英國有）。英人實最能作到「凱撒的歸凱撒，上帝的歸上帝」之話。一切就事論事。如牛頓一面窮研科學，一面虔誠信宗教。他並不求兩者之統一。英人此態度當然可學，然非學之盡在於此也。凡真理當該通在一起，如在理上不能連在一起，即其中必有一面非道理，故應從理上講。學問亦必從理上講始能透。德國人即與英人不同。他強烈的要求道德宗教國家政治之理上的統一。此即從理上講。而能講得透者則以黑氏為最好。中國正宗儒家及王船山皆從理上講。而顧亭

㈤陳問梅問：康德黑格爾之唯心主義與存在主義有何不同？

先生曰：康德黑格爾講學皆是非存在的講法，此在上次講詞中也曾提及。如康德批判哲學，重在講一概念如何可能之理，講道德宗教科學知識之可能的先驗根據，皆是非存在的。我的「認識心之批判」之所講，亦皆是非存在的。此思辨之學乃由希臘而來之大傳統。把握普遍之理以說明現象，即西方傳統之學。此皆是非存在的講法。而存在主義即從具體現實人生的道路入，此即立綱常立間架。西哲之思想，乃其生命之全幅表現，其思想與生命可分為二。而中國人講學即從工夫實踐上講，理學家尤重人品性情。康德之學是解悟的，契爾克迦德則重證悟、徹悟。所以他說：「我不敢自居為基督徒，我只想如何成為基督徒。」如何成為基督徒，此即一無限實踐過程，故存在主義力反黑氏之客觀化，而重主體性，重覺悟。因為從這裡才能見真實之人生，才能保住善惡是非之辨，才能保住價值。

林即從事上講。黑氏與王船山有相似處。乃同形態之人物，同有具體之智慧，其思想落在歷史文化上即皆甚清楚。唯王船山是儒家，其講法較王道較純正。而黑氏則較霸道。但王船山亦缺少黑氏之大間架。關於他兩人，吾曾有一文略論之，可參看。

希臘之傳統是滿足人之知識條件，不能滿足實踐條件。

· 143 ·

據我看，存在主義實不可當思辨的哲學講。它實是主觀實踐的學問，它要靠感受。人生由虛無之感而引發生活上的荒涼，與無名之痛苦。（不安、失望、怖慄、放棄、病至於死、深淵等，皆契氏常用之名詞。）而覺人乃被拋擲於此世界中。佛教說生老病死苦，也即現實生活之痛苦。於此你轉而能了解宋明理學。我以前講王學乃是解悟的講法。最近我則常有虛無之感。午夜夢迴，恍惚中若被拋擲於曠野。此時上帝、道、聖賢皆接不上，一切成為不相干，一切掛搭不上。這些年來我常有此感，孤獨久之人恒如此。要補足此缺憾，只有倫理生活與宗教兩法。然成就真實之人生，必翻上來始可。於此我益感儒家「為生民立命」之重要。儒家之倫理生活實具至理。以其最能彌縫人生之痛苦缺憾也。論到苦，佛家乃從生老病死之「無常」講，儒家則從「虛無」處講。故儒家最哀憐無告之鰥寡孤獨。如「一夫不得其所，若己推而內諸溝中」「老者安之，少者懷之」諸語，皆所以要求人之免於虛無之苦。此皆是感受問題。一健康正常之人生，不必能有此感觸，此乃衰世之象徵。所謂「眾生皆病，我即隨病」。時代是一大虛無，而我即其反映也。

廿九、存在的進路與非存在的進路

各位會友，今天大家仍可接著上一次繼續討論。

(一)陳問梅問：存在主義重實踐，其實踐當亦依於一理論，此與康德黑格爾如何區別？

先生曰：此在於其進路之不同。一為存在的，一為非存在的。存在的進路與中國講學之路同，即從踐履工夫之受用上講道德宗教，使道德宗教之本質義理，在工夫實踐中透露呈現。但道德宗教亦可思辨地講，以展示其本質義理。但此乃是哲學地講，非存在地講，只是哲學中的道德宗教。康德黑格爾即如此。當然，康德也可有其踐履上之工夫，但其講法總是「非存在的」。中世紀神學家講道德宗教也仍是哲學地講，唯神學也仍可有其道德宗教之受用。吾人說西方無心性之學，因它必須有存在的工夫實踐，然後其精神乃能與耶穌之精神相應，而西方以往實未能臻於此。從思辨中講道德宗教也可放光。但那是理智之光，不是道德宗教放光。是你之講（你之智）放光。而契爾克迦德則要求道德宗教歸於你存在之實踐的生活中放光（中國理學家之放光），此則不可只當哲學講。故有神論的存在主義是正路，此是契氏之路。無神論的存在主義則是歪路，如尼采、薩特利。

因他們正停在佛教所說之「八識流轉」中，而未能轉識成智如佛之講般若、涅槃。故說人生是荒謬的、非理性的。人只憑自己之命運在創造他自己。故尼采根本即肯定權力意志之衝動以凌駕庸眾。而尼氏此說實本於叔本華之盲目意志而轉出。叔氏主以藝術之美境消解意志之作孽。但此未是究竟。就此可見叔氏並未能翻上去。而尼氏則根本不往上翻，而一任意志之衝動。此乃成外道，而薩氏亦然。海德格雖不同於薩氏，但他講無，講從無到有，仍是哲學地講。契氏講「虛無」則非哲學之概念，是情感上之概念，故是存在上的虛無之感。而接下去乃講無、痛苦、怖慄等。到一無所有時則皈依上帝而得重生。故其講無，是要從虛無之生活中往上翻而轉為有之肯定。由此乃覺大地圓滿，重獲歸宿與安頓。而海氏則大概頗受中國道家之影響。但老氏所謂天地萬物生於有，有生於無，而「無」乃絕對無限之妙用。它是一實體，可作本體看。而「有」在此乃第二層次之概念。故老子曰：「無名天地之始，有名萬物之母。故常無欲以觀其妙，常有欲以觀其徼。此二者同出而異名。同謂之玄。玄之又玄，眾妙之門。」此見老氏之無是一正面觀念。而契氏之無實是生老病死苦之苦諦之意，是負面名詞，是消極觀念。前者之無，亦是空，空蕩蕩之無為，然無為而無不為。而後者之無，則是一無邊的虛無之感，怖慄之感。海氏由契氏所說之無以顯有，此已歧出而為哲學的。又不講上帝。以為只要把「有」講好，以靜待上帝之是否再現於世界。此則與契氏之原意亦相違反。

㈡王美奐問：黑格爾把宇宙納入一大系統中，而為可知的。此似令人精神上有一暴露淺顯之感，而失神聖之超越義。他又以國家為最後最好之形態，而未對高於國家之天下大同作妥當之安排。恐兩皆未妥。

先生曰：黑氏之學是一泛可知論，泛理性化。他以理智之光無微不照，此則一切宗教家（契氏亦然）無不反對。因超越之無限非可知者，非理性所能企及者，如上帝（此是不可知論）。然黑氏並非從主觀理性之思考力上說，而是客觀地呈現一理性之系統。此系統即統於上帝。故整個歷史可予以一精神發展之解釋。而整個宇宙亦可統於上帝之理性系統。而一般所謂各有各的哲學系統，則乃是主觀的。黑氏之意，是除了主觀的各人之系統以外，還有一客觀之系統。主觀之思考力雖顯此客觀系統。故此並不妨礙理性地講上帝並展露其為一理性的系統。西方一般說「可知」，是指耳目之官，見聞之知為一理智作用是可知。此則當然不能企及超越實體。然「知」可有超於此者之意。故道家有言：「其出彌遠，其知彌少。」又說：「足不出戶而知天下。」此則非見聞之知，亦非知性之知，而是知道明道之知。故道是可知的。此不可知，是說不可以知性可道，非常道。名可名，非常名。」此又成不可知。（基督徒祈禱時可與上帝通，此亦是知。）但「道名言之知去知，不是經驗所能及，不是邏輯概念所能定，故曰「玄」。如此而

言，道或上帝不可知，亦可知。不可知，是不可以抽象的知性言：可知，是可以「具體的玄思」透。如良知之光披露照射時，即一切皆可知。故說一知一切知，一了一切了。而黑格爾亦必言具體的玄思。此玄思是有確定意義的。黑格爾知之，東方人知之，而一般則不知也。西方一般人在此實太滯礙，不復知此玄思之義。故反對可知論。黑氏之學以及東方之學實可解消此可知不可知之矛盾。然黑氏雖由玄思以展露整個宇宙、整個人文世界為一理性之系統（非知解理性之系統，乃一玄思所展露之精神發展之系統），而畢竟尚只是解悟地如此說，而非由「存在的證悟」入，故其所說一切皆離開「個人的」而成為「非人格的」，使人有散出去為一套理論之感。此契氏所以提出「存在的」而收攝於個人之存在的踐履之故。由收攝於「存在的踐履」，自顯超越義，不可知義，而加重信仰。然若真收攝於存在的踐履，由之而真得存在的證悟，則黑氏所說之一切亦皆可成立。此即一往由存在的證悟以展露而皆落實矣。此莊子所謂「備天地之美，稱神明之容」，而得見「古人之大體」矣。故吾人以為，契氏與黑氏不可視為對立，當視為相收攝相轉進，而得一「存在之融通」。如此可知不可知之矛盾即解消矣。

其次，黑氏之以國家為最後最好之形態，乃因他以國家是精神之圓滿具體化（體現）所達至者。國家乃代表客觀自由與主觀自由之統一。精神之發展，一是向裡收、向後反，以成聖成賢（主觀的實踐）。一是向外放、向前開，以實現價值、成就全幅人文世界（客觀的實踐）。分解地說，即可從家庭說起，到社會國家天

下。茲簡單言之，黑氏認為國家是客觀自由與主觀自由之統一。主觀自由如不客觀化而為法律則無保障，客觀自由若無主觀自由則抽象而落空。（東方皇帝之權力，無限制，未客觀化，是隨意揮灑的。故只皇帝有自由，其自由亦只是主觀的，而人民無自由。）黑氏說國家乃「稱理而談」。到此乃是主客觀自由之統一，故是最好的。當然現實之國家未必至此境。但從政治立場講，今日英美型之民主政治，已有合於黑氏之意。唯人之精神發展與人之自覺是無窮的，理念上的國家，乃精神之圓滿實現，而為道德之整全，也無異是上帝實現於地球。故不但是最好的，而且是最後的。十九世紀以國家為最高標準。（從現實說，如今仍然。）黑氏之認國家為最後之意，似是為此現實所限。但道理上當然不為現實所限而進至大同。（人類亦應作此努力，因為人類有此能力。）黑氏當然未再從理上想到國與國之間是否亦可達到主觀自由與客觀自由之統一。能，則另有更高更好者；否，則大同亦只是空名。

黑氏更有一言：「凡未能建立國家之民族，不能進入歷史之舞台。」此話在我們聽來，真是觸目驚心。中國數十年來民主建國未能成功，而光說大同。須知建國此一步是必有的，必須做到。先有國然有國際。國際即國與國之間。自己國未建，那裡有國際？講國際、講大同，亦只成空言而已。但國家之上，當該有一實體。黑氏以國家為精神理性所貫注，在此人人有自由，有限制，亦人人有保障。而國與國之間，則是自然狀態，理性不能客觀化，紛爭一

來只有訴之於戰爭。故一個國家之對外，完全以「主觀福利」為標準。而主觀福利並非道德理性之觀念。故為了自己國家之福利，即可發動對外之戰爭。如此，國家對內雖是理性的，對外則變為非理性的。此是一矛盾。我們不能以國家為最高形態。「大同」才是精神之圓滿體現。同在理性之貫注中，自己之國家可以保存，而國之間亦可成為法律制度之形態，而不應永遠落在自然狀態。黑氏未思及此。而認為國家之上只有以世界史（即人類全史）為最高之判斷法庭。國際之紛爭訴諸戰爭，而戰爭之勝敗，則待歷史之判斷。如此將國家之存亡投於歷史命運中取決。此乃是命運法庭，非法律法庭。當一個國家毀於戰爭時，必有寧為玉碎，毋為瓦全之精神。國家雖完，其精神乃能得一永恒之存在。此意實至嚴肅，亦至悲壯。然不是最可欲者。

黑氏之了解是三層的（家庭、社會、國家）。吾人應加上第四層，即「大同」。於此可使命運法庭轉為法律法庭。而命運法庭則順而仍往上推。如聯合國可保障人不亡你的國家，但你的國家可因自己腐敗墮落而亡。而人類亦並非不可整個毀滅。蓋人類有神聖（法力）一面，亦有業力之黑暗一面。佛家說法力不可思議，業力亦不可思議。而人之從神聖轉，或從業力轉，皆由自取。然無人能保人類之必不墮落也。最後只有付諸命運裁判。此或即為上帝法庭或宇宙法庭。

先生又曰：從個人、國家、人類講，皆有不可避免之悲劇。康德曾說及永久和平之問題，

唐先生亦論及中國文化最能講明致世界於和平悠久之道。然廣義之戰爭恐不可免。大同與國家內部隨時可能破裂。人之非理性一來，一切理無可說，只有付諸戰爭。而戰爭之最後起因恒只是為爭氣。此見人之非理性之業力不可思議。一般社會人生之悲劇，大體是在意識中之悲劇，此可克服，可超越。（然人於此可不去克服、不去超越。此即看人之根器。根器亦從業力說，亦不可思議。）而在人的意識之外的悲劇（如希臘悲劇中之亂倫），則更是無法抗拒，全為外在的命運所撥弄。只有靠最後之悲劇來解脫。於此可知吾人必須嚴肅的正視人生。中國人受佛老之影響，山林氣太重，漸流於疲軟膚淺。於此可知吾人必須嚴莫大於膚淺」，故吾人必避免膚淺。而黑氏之書實應仔細讀。同時想問題要在過程中發現艱難，不能從最後之結論上漫然浮光掠影。要一步步在過程中落實做工夫，不應只是浮泛不切。人之放光，有思考過程所放的理智之光，有誠樸篤實之道德宗教之放光。吾人須了精神發展至某一形態，即有某些成果出現。此靠具體之解悟（此絕非神秘）。黑氏之學真可謂博大精深，終始條理。其思想實能貫徹到底。他從歷史了解縱貫線，從「權限」了解橫剖面而相會於國家。而於人類歷史之前途，國家以上之大同，則未十分想得透。吾人於此須靠自己有嚴肅之精神生活，及多讀書明理，以提起志氣，放出智慧之光，成就偉大人格，然後才能挽救此一時代之大苦難。

卅、精神哲學與自然哲學

各位會友，我們已有六次講「存在主義底義理結構」。上次所講最後一段：「存在與上帝」，乃存在主義者在講完一切負面話之後的一最終之肯定。其中所說宗教Ａ與宗教Ｂ的問題，可促使我們反省孔孟之教以及宋明儒者之造詣究竟在何層次。那是一個最深遠最根本的問題。它可以使我們看出基督教的形態、儒教的形態，乃至佛教的形態之何所是。在理學中從了解劉蕺山進而了解王陽明，再上溯到陸象山，轉而看程朱；由此再下來看陽明後學，而知二溪（王龍溪、羅近溪）之學實乃中國心性之學發展至一成純之最高峰。（此乃就心性之學發展之理路言，非謂二溪超過孔孟程朱陸王也。）所以對我們了解中國自己之學問而言，存在主義是一刺激，一挑戰，從它那裡再進一步往上翻，則良知心性可徹底透露，全體放光。學問之發展，要向上也要向下，要向內也要向外。就像一個輪子，從內轉外，從外轉內，而成一圓球之諧一。此猶如一輪子在轉之模型可看黑格爾之學。黑氏也是對吾人之一刺激，從他那裡可以開出外王之學。

此向下引發向外開出的第一步，就是肯定人文世界（價值世界）。中國以前的學問對此之規模結構實不夠，故須從此往外開。吾人前面講黑格爾權限哲學引論，即欲就此助大家了解。羅素嘗謂，黑氏之學為「思想老是想著想想自己」。這句話雖是譏笑，卻是對的。他表面看出這個相狀，這是羅氏的聰明。但他全不解其底蘊，所以便認為是可笑。通體透徹，直達本原

時，一切從良知本體發，一切復還歸此良知本體。佛教也說：一切從此法界流，一切還歸此法

界。依黑氏，絕對理性離開其自己置定一他，復消融他以回歸於其自己。這樣內外輪轉，步步

決定其自己，步步充實其自己。說它是「思想老是想著思想自己」亦是對的。可是這個意思，

近人全不理解。蓋因十九世紀以來，事實觀念作主，已無價值觀念。科學以經驗事實為對象。

在化質歸量量下，第二性如聲色臭味等已在排除之列，何況第三性？（第一性是位置、形狀、量

度等，此是客觀實在的，是「量」的；第二性是聲色臭味，精滑軟硬，是主觀的感覺，是知

「質」的；科學化質歸量，故不重第二性。第三性是價值判斷，如是非（道德上的是非，非知

識上的是非）、善惡、美醜等。）站在科學的立場，價值特性是中立的，與科學知識不相干。

如以物理化學之立場，人與動物皆由原子粒構成。人開刀時，即把人作機器看，不作人格看，

此固與是非善惡無相干性。故價值特性，由其開始是中立的，進而因其不是科學之對象，所以

也不認其是學問之對象。科學一層論造成價值世界之荒蕪，亦造成價值意識之薄弱。可是人天

天生活在價值意識中，時時在表現價值意識。由於既不認為是學問之對象，而認為無意義的情

感滿足（或者說是鬧情緒），則其所表現的價值意識只是不在話下的情感表現氣質表現而已。

這裡並無「理」可言。此近人之所以無肯定、無信仰、生命無可交代安頓處之故。但是古人講

學卻正從價值意識講，所謂「大學之道，在明明德」是也。近人則盡量嘲笑這種學問。古今人

之不相及，有如此。若在這裡能嚴肅自反，則對黑氏之學自無那種輕薄的態度。在內外輪轉

中，我們首先肯定了展現了人文世界價值世界。這個就是黑氏所指稱的「第二自然」。

第二步往外開時，則不但第二自然的人文世界從此法界流、還歸此法界，就是第一自然

（即自然世界）也是從此法界流、還歸此法界。此尤為近人所難契會。（第二自然歸於法界尚

不能解，何況第一自然！）蓋因科學給予人之影響太大，故前人普遍認識之理，今人則視為不

可思議。如說物理現象原子電子皆在良知中，豈非駭人聽聞？（此等處最使時下人誤解唯心

論。因他們只做直接了解，其心思頭腦無法轉過來。）以此之故，吾人且先講懷悌海，將自然

只作自然觀。對自然真正通透了解後，再回頭即可明瞭自然也從此法界流、還歸此法界之意

義。到此時便是古代所謂之大人。大人於內外無間隔。故陸象山言：宇宙不曾限隔人，人自限

隔宇宙耳。此實是至言。大人者與天地萬物為一體，放大人之學在明明德，在內外通透，言下

領悟。故黑氏學中有精神哲學，也有自然哲學。其講自然也從絕對理性講，從理性講科學所以

可能之根據。而非為某一理論找科學根據。他以自然是絕對理性之客觀化外在化，與科學事實

無關。今人有種種障蔽，也無此氣度，不能了解黑氏之學，也不能講大人之學。故吾人暫不講

黑氏的自然哲學，而講能與科學接頭的懷氏之學。順科學之成果，先自然就作自然看。懷氏於

此建立其宇宙論以上達希臘哲學之傳統，他也進到了上帝。

懷悌海是當代英美哲人中最有成就者，然其學在西方卻無人欣賞。英美人認為其隱晦而不

予重視；歐陸人（德人為主）則以其為自然哲學，不夠勁。今天英美之顯學是羅素，中國這幾

十年來學哲學的也大體走英美實在論經驗主義之路，故也不喜歡懷悌海。更接不上希臘、德國

之哲學傳統。我常感到現代中國人的聰明退步了，已失去古代中國人高

明的穎悟力，而只剩下精明一面的理智興趣。了解學問既不虛心，且動輒以科

學作為拒絕真理之擋箭牌。此實顯出中國人之衰象。故近時中國不出大德大才，也無大見識。

時下中國人似乎不成一個格局，心胸器量又小，將自我緊縮局限於一極小之圈圈，對人處處防

範，不敢相信。此即表示生命力衰，聰明不夠。而學者也只看眼前，眼前之外一概反對抹殺。

不僅此也，即使眼前現成的學術標準也都達不到，卻又自以為是，充內行，好像無所不知。如

此，則不但聰明才力衰，作為一個人的「德」也大衰了。所以我們要踏實用功，做學問要一個

概念一個概念求了解。下學上達，開拓變化。所以現在先不必說從此法界流，還歸此法界。吾

人可以懷悌海之學作一刺激，作一基礎，也足以別開生面。

我學哲學的第一階段，便喜讀懷氏之書。到抗戰期間寫完「邏輯典範」（民國二十九

年），乃感到懷氏之學不夠，這時我的思想進入一新的階段，此即「認識心之批判」所表現

者。要了解懷氏之學，首須有自然科學做底子。懷氏是講相對論的三大派之一，物理學之造詣

很深。（一派是愛因斯坦，一派是愛丁頓，一派是懷氏。）其最早之哲學著作為「自然之概

念」與「自然知識之原則」兩書。一九二五年他出版「科學與近代世界」。這部書是他的哲學

醞釀大展驥足的開始。講十七世紀以來三百年的西方學術之發展及其觀念之方向。在此書前

後，他出了一小書名曰「象徵論」。專講知識論上「知覺之直接呈現式」與「知覺之因果實效

式」。這是他的哲學之問題的入路。數年後他的玄學偉著「過程與真實」即出版。把前此所講

到的觀念都收在這裡面，這是二十世紀唯一的一個宇宙論的系統。了解這個系統，物理學固是

重要，他與羅素合著的「數學原理」尤重要。若沒有這兩方面的訓練，是看不出他的學問之分

量的。除物理的數學的兩面外，還有生物學一面。在這一面，他接受柏格森的影響。他是融合

生物、物理、數學於一爐的。在物理世界中看出神秘的數學秩序與其神秘的生命底蘊（這兩個

神秘的意義不同）。上達畢塔哥拉斯與柏拉圖。以柏拉圖的意識形態貫注於近代之科學，亦表示近代之科學仍是古希臘之傳統。懷氏是真能就科學（主要的是物理與數學）而了解其真的，了解其為學之嚴肅的意義與崇高的意義。科學在他的心靈裡，是潔淨的，尊貴的，嘉祥喜氣的。他把理智融於美學中。這是古希臘的精神。此須有美學的直覺力始能臻此。懷氏之學實有類於中國之易經。（所以我讀書時一面喜讀懷氏書，一面喜易經。）易經亦有象數、物理、生命之三面。但易經畢竟是儒家的經典，道德一面是其體。這必須與中庸孟子合看始能見出（與春秋合觀也可見出）。孟學不通於易，則「孤」，易學不歸於孟，則「蕩」，兩者合乃見真實。而懷氏之學則不似易經有道德之成分。道德一面在懷氏系統中並沒有透出來。因此他的那個偉大的系統結構，最終還是平面的，未達「立體」之境界。德人之不以懷氏為滿足，蓋有以也。然你若能感到平面之不行，一回頭你即能懂：一切從良知本體發，一切還歸於良知本體。凡此，皆所以促使中國文化之復活。吾人應於此等處仔細用心。

卅一、理智、美學與道德意識

各位會友，上次講懷悌海之學的大體形態一是美學的一是理智的，其主要精神實不外此二面。而其學之底子是物理學、數學、生物學，此表示其學之形態缺乏道德的成分。（學術系統大體不出道德、美學、理智三面）。故其講文化總不透。

理智與美學的成分實到處表現：如從生活情調與人品上講，魏晉人即表現美學的與理智的形態，即兩漢人物如張良郭林宗等皆屬此類型。從學術上講，道家與禪宗皆顯極高之智，而其到達最高境界時，亦即是美學的。在西方希臘文化之情調也彰顯美學與理智兩面，而道德則不顯。吾人可在希臘人之思想系統中看出智的成分重，而到最後即總帶上美學的成分。希臘哲人特注重幾何形式與數學秩序，是首先把握智，再提高上升即生出一美的欣趣在其思想生命背後鼓盪。希臘文化傳統雖未必能直接產生近代科學，但產生科學之最根本的精神卻是希臘的。而今天中國人了解科學，卻不從形式（邏輯、數學、幾何皆是形式的）一面去了解，而是透過杜威輩的實用主義從實質的功用一面去了解。此實甚卑陋。在西方近代哲人中最能了解希臘科學之大傳統的是懷悌海，他確能將希臘科學的高貴之靈魂透出來。懷氏實是一能繼承希臘科學精神者（真正大科學家如牛頓、愛因斯坦也能保持西方科學傳統的高貴性純潔性，而不受時代精神之影響）。近代科學精神則是無限的追求，無限的擴張，無限的征服，無限則不圓滿不整齊，是數學的無限拉長線，故近代科學精神是一量的精神。而希臘人則喜講有限，有限是圓滿

整齊。如幾何即有形式之美，其圖形也圓滿整齊，所以希臘人的基本靈魂是理智的美學的。

〔在某方面講，共產黨的基本靈魂亦是美學的理智的，它代表量的精神。量的精神對質的世界（人文世界）發生流弊時也表示一步解放，美有質的美，也有量的美，在共產黨的生命裡實有一量的美的欣趣在鼓盪。質的趣味是色相，色相可以是壞，共產黨之要打掉它，而返於原始之粗獷，割斷一切求大灑脫，自也表示一量的美之欣賞，而其機詐謀略與冷靜，也是智（雖是穿鑿之智）。蕭伯納嘗説：世間的文字除電信號碼外，皆有穢褻的成分。此實是聰明人之言，蓋一切文字總有人之情感心意質的成分滲於其中。故若不雅馴，即是不乾淨。最乾淨的，只有數目號碼了。而數目號碼是純量的。共產黨之反人文，蓋也有故。而共黨之魔不易克服即在此等處。要克服它，先須自己打掃乾淨，在道德上超過它才行。〕

美學與理智二成分，在中國則歷來無恰當之表現。魏晉人的風流瀟灑固表現生活情調之美，但實是不健康的。道家佛家對人生甚冷，缺少道德感，故儒家以異端關之。唐君毅先生有一篇論科學的限制之文章，即曾提到「智」在中國未能恰當表現。（其恰當之表現應在邏輯數學科學）。智既無用武之地，乃內收轉而用於人事上，故體會人情之深無如中國人者，而其壞處，即表現於人與人間之勾心鬥角，其機詐陰謀用於政治上，即依附於道佛。故歷代打天下者，其陰暗一面總為和尚道士，其陽剛一面則為立法制度輔政安民之儒者。故儒之所以為正統，即在其能提出「道德」以做主。皇帝伸大義於天下，固不能一味陰暗也。故從學術上説，智之最恰當之表現是在希臘之大傳統（吾人稱其為學統，儒家代表道統。在西方，耶教為道統）。智必求有正用，無用武之地，不得其所，智必用於邏輯數學科學，方是正用。但中國人之智總

確之用處，否則兩眼看人，爾詐我虞，必滋生騷擾。故人最好能相忘。所謂「魚相忘於江湖，人相忘於道術」。相忘即是彼此放心，能放心即能相安而可無為而治。

是以科學之可貴，即在其使人之智有正用，有掛搭處，而能造出成果。故了解科學產生科學，須有高貴之靈魂。西方哲學家大體皆能把握此一點，而以懷悌海為最好。因其學問系統正表現理智的與美學的，但「學統」只是人文世界之一部門一成分，而非全部。綜起來講歷史文化，即須逼出道德意識。道德意識不夠，即不能講歷史文化，也不能有歷史意識文化意識。愛因斯坦說：「亞力山大可以不知，而牛頓三定律則不可不知。」蓋科學面向自然，求永恒之律則，以滿足人理智之追求，而又遠於人事，為非人文的，故比較灑脫乾淨而單純。而歷史則是具體的、實際的、變化的、又是人事的，此非科學家之所喜。故講邏輯數學之人，大體皆不能講歷史文化，歷史文化是人類奮鬥創造的，故不知艱難困苦，即無道德意識，因而不能講歷史文化。現在之歷史學者徒知發掘史料考據史事，不承認歷史法則歷史精神。他們不但毫無道德意識，且無理智的美學的趣味，實乾枯之至。故此種人最卑陋乏味。（以前張君勱先生嘗言閣若璩雖為一代樸學大師，然其人最庸俗卑陋，毫無趣味，人之不可久與死材料為伍，此可想見。）科學雖也研究無生命之原子，但原子之動則形成一神秘的宇宙。此宇宙之奧秘，又可由數學公式表現出來，即原子電子能服從數學公式，故物理學派到最後是機械主義，而數學派到最後則是神秘主義。量子論的小宇宙的物理學與相對論的大宇宙的物理學，就靠數學公式而通在一起。故科學的最根本之精神是理智的美學的，懷悌海之學最能表現之。唯要講文化問題則必須道德意識強，然後才有歷史意識文化意識。懷氏講文化是從科學方面講，此相應西方之歷

· 159 ·

史社會固亦可以講，但總不透。而近人介紹西方文化歷史學者最推崇湯恩比，而大罵斯賓格勒，此實表示中國人思想智慧之貧乏。湯氏與斯氏實有小巫大巫之別。近人之智慧不及，遂見小巫而不識大巫矣。

顧亭林當年最推崇朱子，朱子在美的欣趣、道德的意識、理智的興趣三面皆甚強，其學問最踏實，一字一句皆往復宛轉體會，其具體的解悟力實極高。然朱子之門庭不開，無大弟子，蓋其學自我開之，自我封之。他留給弟子後學的只剩下訓詁一面。故結果皆落在知解的智上，不能光大其學。此其緣故，一是朱子之道德意識太強，一心嚴防聖學流入異端。以其戒心太重，遂無形中對弟子多所挫折。一是象山對朱子之影響甚深，他總以象山近禪而反對之（此也是其認真處），但又不能化之，即不能超過之，實則，要提高道德意識，必如象山般講才行。

故朱子也謂「子靜門人，皆有氣象可觀」，人之表現美學、理智、道德此三面，須看各人之氣質與根器，人總要立志，要企望高處。西方人大體表現美學與理智二面，而道德一面即不夠。要講歷史如羅素即如此。近人於道德一面最為薄弱，但皆能有所成，即因「智」有正用之故。要講歷史文化固必靠道德意識，但純是道德意識強也不能講歷史文化，如朱子道德意識即太強，故其通鑑綱目無趣味，人不樂讀。道德判斷是當下的，不能脫離道德主體，因每一事總要有人負責。但歷史是一條流，是通變。然而本源抓不住，也不能講歷史，故朱子責浙東學派為枉尺直尋。是必以孟子為迂闊，而蘇秦張儀則果然大丈夫也。古代賢哲中唯王船山能講歷史文化，其讀通鑑論、宋論諸書，皆不失義理之正，而成為中國論史者之絕響。即因其道德意識強，而於道體與歷史文化之具體能悟力亦極高之故。

以上所講，乃是一些法眼，可用以批判自己，衡量人物，以各還其所當。我了解這些很

早，求學時即有影子在心目中，那時我覺得北大清華一輩人皆甚聰明，但經過幾次世變，即見

出他們根本無道德意識。我們之對他們有所責備，即是對時代而說話。我們生命意識裡何以有

此道德意識之根，此固是各人之生命氣質與根器問題。大體農家子弟這一面總較強，所謂「樸

實」即是一道德意識，故曰：「剛毅木訥近仁。」而世家子弟與都市中人則皆有理智與美學之

欣趣，故伶俐風雅，巧言令色。而其道德則皆是習慣的，是偽道德。非真正從內在意識發。共

產黨最鄙視此種人。我們反共必須剛拔正大，承繼正統，共產黨最能重視正統，認識正統；但

正統與它針鋒相對，它怕正統，故要大力反對正統。時下人也天天反正統，正好為共黨舖路。

我們友會所講即是對著共黨魔道與灰色的時風而說話，能通時代問題，即能接得上正統學問。

二年來我講的這些話真如象山所說是從天而降，自肺肝中流出，故諸位要立志，志氣非常重

要。人不可自限，任何限制不能約束我們。今天是共產黨佔上風，而撥亂返正，則責在吾人，

今後之思想主流必從我們這裡開始，是須大家軒昂奮發，承擔責任。

下次起我們將講明懷悌海自然哲學中之一些重要觀念，供大家對此一在西方代表地道（希

臘哲學到法國之理想主義之大傳統代表天道，存在主義之學代表人道一面）之學問，增加一番

了解。

卅二、懷悌海哲學大意

各位會友，上兩次我們從精神哲學講到自然哲學，而說出懷悌海的學問與人格形態，是美學的與理智的，而於道德的成分則不夠。而懷氏之如此表現，實有其先天之氣質與人格上之趣味，故其思想學術實整個是一個靈魂。孟子說：「讀其書，不知其人可乎？」我們了解了這一面，便易於把握他的學問。今天我們先內在於其學問系統講個大概，即可知懷氏這晚年作品中之一章（按指「觀念之冒進」第十一章：客體事與主體事），正已將其學問統括地說得很簡約而完備。

講自然哲學，有黑格爾的講法，他從精神之發展理性之表現上說。此較難。而懷悌海則將自然就作自然觀，暫不要通精神之發展，也不以之為理性之外在化客觀化。黑氏之講法，是有邏輯之必然性、理性發展之必然性的。而懷氏則直接以自然為對象，完全靠經驗之觀察，是用的描述法。故較鬆散，不似黑氏先天的推理之謹嚴。在西方講哲學，不甚重視描述法，而必須是邏輯的、批判的。但邏輯思辨與批判必須用於可思辨可批判之處，而宇宙人生之「大本」，面對面直接承認，當下肯定者。此可分兩方面說：從高的一面說，如宇宙人生之「大本」，孟子之「性善」，陽明之「良知」，皆非思辨的、批判的。即面對此大本、性善、良知本身說，是不可思辨不可批判的。此「最後真實」直須直下肯定，或在工夫中體悟。思辨或批判都是過程中的，旨在把握或建立此不可思辨的、批判的。須直下肯定，當下即是。一切思辨與批判是從外部逼

進去，這一過程是思辨的、批判的。當經由此過程以達到那最後真實之必然被肯定時，那最後真實本身便是不可再思辨的，直須面對面直下肯定。此須直下肯定的，是先驗存在的。把握此先驗存在的，如說有方法，其方法是反顯法或先驗法。如康德問：自然知識如何可能？數學知識如何可能？自由意志、靈魂不滅，與絕對實有（上帝），總之，超越形上學如何可能？在這「如何可能」上是思辨的、批判的。這只是外部逼進去的話。及至問題集中在「先驗綜合判斷如何可能」上，提出「超越的統覺」與「範疇」以答之。至於超越形上學中的三個基本理念，便須由反顯法先驗法在踐履中直接體悟之。此便不是思辨批判的事。再舉一例以明之。當孟子說：「古之人修其天爵而人爵從之。」吾人可問：有了天爵，是否必從之以人爵？此顯然不可必。依康德，天爵與人爵的綜合是「至善」。這「至善」如何可能？天爵與人爵的綜合，依康德，當為先驗的綜合。此先驗綜合如何可能？康德於此肯定靈魂不滅。即依據靈魂不滅，天爵與人爵的綜合，當為先驗的綜合始可能實現。此顯然只有超越的意義，並無經驗的意義。在現實經驗界，天爵與人爵的綜合固永無必然性。然在此思辨批判的進路上，吾人可以直下肯定「靈魂不滅」一超越理念。若依儒者，則可把天爵人爵的連結關係轉化而為一分析判斷：直下是承體，直下便起用。承體是天爵，起用是人爵。一下子便是至善。一切以義理是憑，並無其他迴互。而天爵人爵的問題，開始是思辨的、批判的，而由之以肯定靈魂不滅，或逼顯一先天之性理，到此便不是思辨的、批判的。此須面對面直下肯定。

以上是從高的一面說。至於從低的一面講，感覺經驗亦非思辨批判所能增損。它乃邏輯思辨一線之外的外界現象。此亦要直下肯定，面對面承認是依感覺經驗，並不依實踐與性情。當下肯認之後，再進一步看此感覺經驗現象之內部關係、相狀、性質等，即非用「描述法」不可。因它是外來的，非理性所可控制。描述法是單對「經驗事」而用。對事不對理。理可思可辨，而事只可記述，只可觀察。由對於事之記述觀察以顯其中之理，此即為描述的。事是理性以外的一個「給予」，非邏輯思辨之單線所能盡，所能抽引而出。故須面對面承認，而描述法亦單在此而顯其用。

黑格爾講自然哲學是先驗法，是從理性上找經驗，所以可能之先驗根據和原理原則。故是直線推演的。是相應事而言，卻不是對事而記述而觀察。而懷悌海講自然哲學則是描述法，是發現地講，是將事之隱曲奧秘描述出來，故較鬆散。從此要建立自然哲學進到宇宙論，則須有佛教所說之「妙觀察智」。懷氏即很有這種妙觀察智。其美學的興趣實寄託於此。故凡從描述法而講自然哲學，總須有妙觀察智方行。（左派講唯物辯證法也頗有妙觀察智，但其政治性爭鬥性太強，那原有的一點妙觀察智，結果也弄得沒有了。）

懷氏之學大體可分為三方面而概略言之：一面是屬於批評的，一面是屬於基礎概念，一面是問題性的入路。

批評一面是其早年之工作。他第一是批評物質，其次是批評空間中之點，再次是批評時間中之瞬。亞里士多德講「物質的本體」是從主詞謂詞而講出，是抽象的。物理學上的物資也是抽象的概念，非具體的真實，當然亦不是一具體的個體，而是抽去個體之一切特性而剩下的那

164

點東西。近人不喜講主謂式邏輯，因其不喜主謂式所意指的本體屬性一概念，故偏愛講關係，而發展為數理邏輯。用到現實世界即重視關係，重視過程，重視具體而現實的「事實」。認為最真實的東西不能由往後推以求得。只須看眼前之事實即是真實。此確是更生動更具體。其遮撥往後推以究本體，實有類於「作用見性」。往後推固是幽深玄遠而可達到一些形而上的概念。然近人不喜此。只要人承認眼前之事實而得其意義。在此懷悌海有兩句話：「過程是最後的」，「事實是最後的」。這是從往後追問而反上來的話。（中國人講道理即不具備本體屬性一套概念架子，而是作用的。具體活潑的、就眼前事實而說話的。故亦合乎這兩句話。所以懷氏亦謂其學是東方型的。）其意即以物質乃抽象之概念，非具體之存在，必須去掉。故他認為以前人將此抽象之物質當做具體之事實，乃是「錯置具體之謬誤」（The fallacy of mis-placed concrete）。在此點上，他有契柏克萊的「存在即被知」之主張，初性次性之分是沒有的，都是呈現的、具體的、特殊的真實，在覺知前之真實。不可知而要設定其存在的物質本體是沒有的。所以懷氏説一切都在同一條船上。在柏克萊，存在即被知，是説存在是在覺知關係中呈現，而在懷氏則轉為在「攝受關係」中呈現。從認識的轉而為形上學的。由普遍的形上陳述進而確定認知之特殊關係。

至於空間中之點，時間中之瞬，乃高度的邏輯構造，理智活動之產品。懷悌海稱之為「單純的定位」。而科學之用點與瞬，則是為了準確。科學知識利用高度之抽象以達準確。因其非具體之真實。科學知識是追求簡單。但吾人衡量科學知識，既需要成就抽象，亦須批判抽象。因其非具體之真實。科學知識是追求簡單，不抽象，不準確，則無簡單。唯此簡單不同於易之簡易，與漢高祖之簡易。科學之簡單是抽象

的。故論科學知識必須成就抽象、批評抽象；成就簡單、批評簡單。愛因斯坦、艾丁頓皆不同。愛因斯坦是物理學的講法，以實質的物決定形式的時空。而艾丁頓則重視形式，以時空決定實物，故是數理說。懷氏則對二者皆不贊成，而認實物與時空皆是被決定的、是後起的。而另有一更具體更根本的東西，它更能代表宇宙最具體最真實的一面，是即「活動」（此是一般地說）。此為功能說。其說此活動，不取生命之名詞，如「生命之流」之類。而用「自然之流轉」。其實即柏格森之「生命之內浪的衝動」、「生命之創化」之意。唯懷氏之講法更鬆散一點、外在一點；而柏格森之講法則更強烈一點、內在一點。以「自然之流轉」是一活動流，由之可引申出實物、時間、空間。用「抽延法」（即擴延抽象的方法）可以從「時動關係」造成時間，從「擴延關係」造成空間。而將點造成為有量的，使能由點而成線而成面，此則依於「輻輳律」而成。故時空是後起的、抽象的、構造的。至於實物則在有機的生長發展中而完成，或形成。

但自然之流轉是用什麼形成的，以使其為自然宇宙之最具體而真實之底子？是即是「事」。雲之行，水之流，也是一件事。電磁現象也是事件。在物理學上，「事」與「場」為主要觀念。此表示宇宙中無可孤立之物，而其範圍即「場」。從事件一詞追到「生起」一詞，即從事件轉而為「緣起事」（現象的緣起），佛家言「因緣生起」即恰合懷氏「緣起事」一詞之意。凡事件之生起皆是一下子的，可一而不可再，而且一旦出現即永是它了，皆是獨一無二的。故事件是發展的，不是變化的。它是一條流而發展，故說自然之流轉。

從這整個發展過程上看，事是代表變化的，但從事之生起皆是可一而不可再，則又是無所謂變的。此即有類於僧肇之物不遷。此一事件流不是認識之對象，而可供再認識者皆有永恒之意義。凡對象皆是認識之對象，可再認。其事雖已過去，而它有可供再認識者，而不可再認。在懷氏學中與「事件」相對的是「物相」（object）。表不可認識，而物相則可認識。物相之意義同於理型、本質或形式。故「物相」以後又轉而為「永相」。事件與物相是懷氏學中之基礎概念。此後其「過程與真實」鉅著中所具備的宇宙論的系統，大體可以說是由此基礎概念孳乳而成。（懷氏言物相或永相，是無色的，先不作任何特殊之規定，只就其可被認識，為認識之對象而名之，故即使用普通「對象」一詞以識之，可認即可再認，故有永恒的意義。他初有「知覺物相」、「物理物相」、「科學物相」各層級之分。此是隨認知之程度而進以分之。後來即普泛而為「永相」，此是形上學地、宇宙論地言之。吾譯「物相」，物、取其客觀義，相、取其形式義、永恒義。但比柏拉圖之理型，亞氏之形式，更為無特殊之規定，更為具體，更為內在，更為美學的，即較弱。近人或以「共相」譯柏氏之「理型」則不妥也。）

從事之擴延關係（此是形式的）向時間空間方面走，即講形式的知識，如幾何數學。從事之物理關係（此是具體的、實際的）向生長發展方面走，即講自然哲學，此即其宇宙論。在此，他有一個問題性的入路，此即因果問題。此留待下次再講。

〔附　識〕：

近代哲學從妙觀察智去了解自然與科學世界，皆甚好。因它將一切糾纏蕪雜掃蕩得很乾淨。如羅素的「物之分析」、懷氏的自然哲學、維特根什坦的名理論。甚至馬克思的資本論。故我嘗說近代西方文化「無理、無體、無力」。其結果是虛無情調而成虛無主義。先行了解了俗諦，進而即可再見真諦。說到真諦，真不容易。但我對西方人了解事法界一面，也很能欣賞。我前有「論上帝隱退」一文，即從此講。但看看羅素「數學原理」之系統構造，即深感自己智力實有不可及處。我個人做學問是從知性一面入。近代西方學者所能表現之智力解悟力實有不可及處。雖然另一面又覺自己之哲學智慧不讓於任何人。如「認識心之批判」一書，即自信達到一相當之程度，而有進於康德之「純粹理性批判」與近人之哲學理論者。但總不能無憾。研究學問實如同疆場比武，不及便是不及，無可假借，亦無可僥倖。學問、真理，都是比出來，才能立於天壤間。我以前在大理，案頭上擺一部「成唯識論」，一部「純理批判」，一部「數學原理」。一位頗有靈感的青年同事，以為這就夠了。我現在覺得尚不甚夠。數學原理，物之分析（解剖物理世界），資本論（解剖經濟社會），吾已說皆有足以吸引人處。一旦鑽進去，很難跳出來。所以你要想有向上一機，從事法界進到理法界，而契悟真諦，真是難之又難。「察業識莫若佛」，這是向上一機之樞紐。然說到真諦，佛家尚不是究竟。窮理盡性莫若儒。窮智見德，建立主體，莫若康德。若沒有康德與宋明儒學，你要想從事法界跳出來是很難的。你要想能抵

禦住那些無理無體無力之妙觀察智之虛無情調而不陷落於其中，也是很難的。案頭必須擺一部「純理批判」，才能把那些妙觀察智所成的散的事法界提得起、鎮得住。同時必須再擺一部宋明儒學，才能使康德的哲學徹底通透而歸真實。宋明儒學沒有系統的建構，東一句，西一句，看起來很不行。然究竟真諦必歸於此。這是與各種大系統比出來的。宋明儒者究竟把握了一個客觀真理，這是很堅實的。所以能立於天壤間，而讓你來比觀，比來比去，讓你覺得究竟真諦是在這裡。人間的支柱，真理的歸宿，是在這一支。你擺上了這一支，你覺得那些事法界的妙觀察智有了主了。否則你必陷落而為其所吸住，終為流俗之歸而不自覺。象山說：必為二。程，方為不俗。這「不俗」二字，爽朗之至。宋明儒學之這種地位，也是疆場比式比出來的。

浮薄小智，何足以知之。

個人作學問，也是疆場比武，絕無僥倖。所以大家要多讀書，求充實。尤其要知道西方學問的基幹靈魂，因其所論皆中國學術所未備。聖多瑪的神學（包括柏、亞二氏），羅素的數學原理、物之分析，懷氏的「過程與真實」，康德的「純理批判」，吾人必須了解它。到能看出它有不足時，再跳出來而超過它。此就是成唯識論、宋明儒學。

孟子說：「充實之謂美，充實而有光輝之謂大。」必先充實，才有光輝。然說到充實，是無窮無盡的。我每於此，慨然嘆息。覺得自己實在太不行了。

卅三、懷悌海哲學之問題性的入路

各位會友，上次我們講過懷悌海之學屬於批評的一面，與屬於基礎概念的一面，現在再接著講「問題性的入路」一面。即看他此一學問系統遵循一個什麼途徑，從那些問題進入。凡學問必有所對而發，然後始能成系統。前次所講「事」與「物相」等概念，在懷氏系統中，尚不表示問題性的入路，乃只是直覺地獨斷地指出，凡問題性的入路皆是批判性的（此與康德之批判不太同）、思辨性的，懷氏學中這個問題性的入路即成了問題，康德之學即對付休謨此問題而欲救住因果律，懷悌海亦為對付此問題而提出其「知覺兩式」（Two modes of perception）之講法．是即：1.直接呈現式。2.因果實效式（或譯因果效應式）。

照懷悌海之觀察，自休謨以來，對知覺問題都採取直接呈現式，依休謨，吾人認識外界不能離開感覺，有感覺印象然後有觀念。印象不過五種（即依五感官而來），而印象與觀念則是孤離的、零碎的，我聞一聲音，即此特殊之聲音，我看見一顏色，即此特殊的零碎的現象，有此印象，即有此感覺。凡感覺現象皆是孤離的，每一孤離的來龍去脈之聯繫找不出來，因為人無一感覺器官能是一個直接呈現。故此一現象與彼一現象的直接呈現底模式。一般的聯繫既找不出，當然更不能講因果聯繫，我們對因果聯繫根本無印象無感覺，故亦無此觀念。就此直接呈現式即無法講聯繫（連

結），這裡既無一個關於聯繫的「所與」（given），則因果觀念從何而來？照休謨講即純粹是「主觀聯想」。因果性因果關係純是我們主觀的創造，無外界之「所與」與之相合。然主觀何以能聯想？他以為是靠習慣。我們常見某一現象出現，後面另一現象跟著出現。（如先看見電閃，接著即聞雷聲）。一次如此，二次如此，久而久之，我們只要一見甲現象出現，便立即聯想到乙現象，遂視甲為乙之因，乙為甲之果，此完全靠主觀習慣，並無客觀性，故休謨說：科學家相信因果律，亦如相信上帝。並不能證明。這就是感覺主義的說法。懷悌海稱此直接呈現式的知覺為「感覺主義的原則」，而此種感覺主義的原則必歸為主觀主義。

唯主觀主義有二個方式（即二個形態），一是休謨所代表的，一是康德所代表的。休謨是經驗主義的主觀主義，或稱心理的主觀主義。從主觀方面說，他把因果性因果關係弄成只是一個心理的靈幻（幻象），無客觀實在性：從客觀方面說，他即無法說明科學知識底基礎。科學知識靠歸納，歸納靠因果律。否定因果律，科學遂失去了根據，而成為沙灘上之建築。故休謨成為懷疑論者。然休謨之講法雖不妥，然甚鋒利，能聳動人，當年康德讀休謨書乃覺自己從獨斷的理性主義之迷夢中警醒。但康德之視感官知覺仍只是直接呈現式，故進而仍為主觀主義，但其主觀主義是由感覺而進至認知主體，而以自然世界皆從內在的認知主體而構成。故康德的主觀主義對休謨經驗主義的主觀主義與心理的主觀主義而言，乃是理性主義的主觀主義，或稱論理的（邏輯的）主觀主義。（此處說主觀，不同於平常所說之主觀。平常人所說的主觀皆心理的主觀。）邏輯的主觀是客觀的，理性與邏輯合在一起，即成超越的先驗的主觀主義。康德認為感覺上不能對因果性有一「所與」，而科學知識又不能離開因果律，那麼科學知識之根據

何在呢？依康德，我們可以先把因果性因果關係看成是科學知識的基本條件基本原則（範疇）。即我們不從感覺經驗去把握它，而先當然地如此說，本質地如此說。進一步再問如何發現此範疇，即範疇的出生地（根源）何在？依此康德講出了十二範疇以控制自然界？照康德講，認知的主體（此與知性、理解、超越的統覺同義）何在？即自然世界之立法者，也就是認知主體在自然面前頒佈法律，此法即十二範疇，此範疇即自然世界所服從之理。而此自然世界所服從之理，即從認知之心發出，故在這裡也可說「心即理」（唯陽明之心是道德的心，康德的心是認識的心），故說他是理性主義的主觀主義。

懷悌海既不贊成休謨，也不贊成康德，他認為從主觀方面說感覺知覺的生起，與從客觀方面說感覺對象知覺對象之生起，通在因果的效應之中，月亮之所以成其為月亮，是靠烘托，所謂「烘雲托月」是。月之所以特別顯著，一是靠背景，一是靠白光。而顏色之呈現即在條件中出現，它為我目所視，我知其為顏色，我之目即為一條件，故從生理器官如何把握聲音顏色，與從聲音顏色如何生起看，其間確有因果性。因果實效即從直接知覺中講入，懷悌海之路大體想從知覺本身把因果效應引起來，因果性在我們的知覺關係中有其直覺的確定性（無邏輯的必然性，而有物理學上動力的過程在其中。如人吃砒霜可以致死，此即有因果關係，它不必接受邏輯思辨的批判，其講法是描述的，不是我那部「認識心之批判」，理路是康德的，但講因果律則吸受懷悌海之意從知覺講入。我之講法有一理路。懷氏則把握事實而講入，其講因果實效式即是將有機的自然宇宙之結構與發展解剖出來。故張東蓀先生稱其學為通關哲學（此較譯為有機哲學為好）。其通關

即在因果效應處，將因果效應以知覺上講出即是客觀的。故說康德是從主觀到客觀，而懷悌海自己則從客觀到主觀。我們從此了解進去可以通康德。從懷氏之泛客觀主義進而看康德之主觀主義，即覺得康德「自然世界皆從認知主體構出」之說實太強，即其認識心之擔負太重，故其純理批判必須重寫，始能恰當其分。但懷悌海之講法，卻又不能建立主體，是即未能真進到理法界。大體英美人總將心與物平看，它與佛家成唯識論將心法與色法平看相彷彿。而儒家與德哲則非平看，故能見主體。

我們介紹了黑格爾、存在主義、懷悌海之後，康德當該還要講一講。經過了這些關節，才能在學問上撐開間架，站得住，回頭看中國學問才能真知其充實通透。故上次我們說儒家學問之成為人間之支柱，真理的歸宿，乃是與各種大系統比出來的。故能長立於天壤間。在此我們也可了解文化學術的莊嚴性及其嚴肅之意義。

卅四、唐君毅先生講「人學」

民國四十五年八月初，唐君毅先生首次由港來台，曾應牟宗三先生之約，參加人文友會主講一次。當時由我擔任記錄。二十年來多次親聆唐先生的教益、講話，這是唯一存留的記詞。現原稿墨色已淡，唐先生亦遽俪謝世，敬特重新抄錄，寄請「鵝湖」刊出，永留紀念。　六十七年二月八日，仁厚謹識。

牟先生致詞

今天是我們人文友會第五十次聚會。兩年以來，我們的聚會講習從未間斷。而其中最關心我們，最鼓勵我們的，就是唐君毅先生。唐先生雖遠在香港，但由於唐先生對我們的關懷和繫念，所以地隔千里，也如在眼前。這次唐先生隨港澳訪問團來到台灣，大家正好藉此多聆教益。茲乘人文友會聚會之期，先請唐先生講幾句話。因為唐先生今晚九時還有重要宴會必須參加，所以將聚會時間提前到七時半開始。另外，劉校長今天也到我們友會，還帶來點心西瓜，應先致謝。現在，就請唐先生為我們講話。

唐先生主講

今天很高興能與諸位見面談話，七天來日日隨團參觀，連和牟先生敘談的機會也很少。每天觀光，因而精神散漫，好像凝聚不起來的樣子。天天見很多人，但彼此都只在感覺上存在。

今天到了友會，才使我精神收斂凝聚，回歸到自己。我本來只想來聽，仍由牟先生講。這樣將更好，更能達到收斂凝聚的目的。但牟先生一定要我講。我也沒有準備講一個題目，而許多要說的意思，牟先生兩年來都已對諸位說到過。我在思想上與牟先生無大差別，只有時說話方式不相同，頂多也只是著重點不同而已。

我與牟先生分別已經七年。依生物學的說法，人經過七年，身體的細胞全換過了。細胞雖換過，人當然還是這個人，而且思想亦沒有變。但精神上則似乎如夢如寐的樣子，心情已與以前不同了。這心情不太好說。但內中有許多感慨，而這感慨亦一樣不太好說。譬如新亞書院，因為兼教務，經常要參加社會上一些會議與活動。這些事情實在不能與自己理想一貫，但有時要適應、有時要周旋。通常我總在晚上靜坐一、二十分鐘，使精神凝聚一下。故七年來尚未怎樣墮落。新亞書院自然也照一般大學教育來辦，但做學問是否也像辦大學一樣來做呢？照現在大學裡學問的觀念來說，我想是不夠的。如文學、史學、哲學與社會科學等等的學問，當然各有它的價值。但其名為「學」，實際上皆由西方 science 一觀念而來。科學知識是指有系統有條理的知識，它要將理性所創造出來的東西，客觀化外在化以成為一個對象。譬如歷史，必將它擺在時間之線上，以指說在某年某月發生了一件什麼事。史實必成為對象，然後才成為外在的客觀的知識。其他社會科學也要將社會變為客觀外在的對象，然後才成為知識。當這些外在化客觀化以後，我們自己的生命就抽空了。如我在此講話，我的身體是這血肉之軀，講話的時間是八月十一日，講話的對象是你是他等等一個個的人，這些全部是外在的。一切都成為科學知識以後，我們的生命即將完全抽空。在此，知識本身便有些全部是師大會議室，講話的地點是師大會議室，講

了一個危機。但這個危機還不是一般所謂科學知識的誤用（如原子知識之誤用，造成原子彈可以毀滅人類等等），而是它將人生化為外在的東西，使人的生命抽空了。成就知識使之客觀化，當然也表示自我的擴充以獲得一解脫、一超升。所以知識不容否定。但我們不能陷在知識裡，使精神也外在化，而造成自我分裂。一個人自我分裂之後，精神感覺敏銳的人，必將感到無邊的空虛徬徨，必須在科學知識以外，另有一套學問而後可。牟先生在人文友會與諸位所講的，就是這一套學問。

　兩、三年前，牟先生約我同時在新亞也開始講。但因事務繁雜，始終未講過。到今年上半年才開始定期與幾個學生講過幾次。這套學問我名之曰「人學」，是人的學問。是要把外在客觀化的東西重新收回到自己來。這也就是牟先生所常說的收回到「主體」。這「人學」，不能說它是人類學或心理學。因為人類學與心理學還是把人作對象看。人研究人類學心理學時，固然是以人為對象，但人類學家心理學家並未把他「自己」放在對象之內。在此我們要問：研究人類的那個人，研究心理的那個心理，他個人自己的生命存在之本身又如何呢？此即顯示人自身之另一套學問。學這套學問完全是人自己的事，任何人幫不了忙。它是個體存在在本身之學問。就像我餓了，除非我自己去吃飯，任何人不能對我之餓幫忙。這套學問，或者在我自己心上能覺悟，或者一無所有。如心性之學，前人得了，但我們自己不得，也就沾不了前人的恩惠。這是無所依攀，是自己與自己面對面的地方。這種學問與使用抽象概念的普通知識不同，它不是將概念擺開，或將概念連結起來就能成就學問的。這種學問與使用的語言不是指示式的，也不是宣傳式的，而是啟發式的。指示式的語言只要指一對象即可，宣傳式的語言也可用來說服或

暗示，而啟發式的語言則必須清楚，必須找出一個東西以供印證。所以它隨各人之具體生活而有不同，並且最後還要將此語言收歸於自己才能了解。同時，說這一類語言，也可不說完，而可有含蓄、有保留。這種語言也不能嚴格系統化，而須隨事而因應。這番話我在香港曾經講過幾次，意思與牟先生所講大體相同，只是說話的方式不太一樣。當時也曾有記錄，將來印出來可以寄給諸位。這種學問有其領域，但它不同於哲學，只能說它是心性之學。但又非心理學，而是人性的學問。從此學下去，就是古人所說成聖成賢的學問。通常也說它是完成人格的學問。但說完成人格，容易與心理學說的人格觀念相混淆。對心理學上的人格觀念，我素來不喜歡。它是外在的講，我們是內在的講法。這表示完成人格之學必扣緊聖賢學問，或西方基督教之靈修與佛教之禪定而說。絕不好從心理學或社會學的人格觀念去了解。

這套學問從個人自身再通出去，從一個人通到另一個人，則倫理學也要重新講。在西方，道德精神總不顯，而中國講道德，則最重倫理。在早年，我並不喜歡倫理的意思。如在從前我寫的「道德自我之建立」一書中，即以自我之超越為道德之根據。這七、八年來，始知倫理之意義非常深遠。離開倫理，個人固然亦可有高卓一面的道德成就，而令人尊崇仰讚；但只有在倫理關係中（如朋友、夫婦），才有互相內在的意義，才有最高的道德。這幾年在香港，常常念及自己的師友、家庭，乃知與我有倫理關係之人為最難忘。因此，遂對倫理的莊嚴深厚之意，有了深切之感觸。直接的五倫關係，我們有許多地方尚未能「盡分」。如家庭父子兄弟夫婦之關係亦皆未盡其分。因此，人倫的道理仍然值得講。我近年來對此深有體會。從這裡再推出去，如改造社會，改造自然，自是客觀上的實踐。但它仍然只能是人分上的事。「知人」而

後能「論世」，所以我們不能沒有知人之學。（此與一般所講的處世哲學不同，平常人所講──如馬爾騰，乃教人如何獲得人之好感，討人歡心，這實在只是權術哲學，不足以言知人論世。）中國古賢有這一面的學問。但不好稱它為科學，也不好說是哲學。但它又不是完全的直覺，其中有一種修養的方式。知人之學，也不一定講出一套道理。真正知人，不是為了要得知識或要用人，而是「人之相知，貴相知心」，所以，此「知」之本身，即有一價值。人與人固不應誤會，而當互相了解。社會上許多衝突，皆起於不相知。所以人與人是分離的，通不過去，就像水之有阻隔而流不過去一樣。知人必須要知心，要有知人的智慧，在這裡就含有工夫的意思。凡是需要通過自覺和用工夫的地方，就是學問的所在。學問不宜局限於一小圈子，應該要擴大，否則，有時會感到沒有學問之存在。由知人之學當然可以產生許多價值。如事業是人做的，但必須合起來做。而要人合起來便必須先知人。而現代的人將人合起來，是用一外在的力量。譬如靠一共同目標之組織等等。然而，人與人要真正的合起來，則需彼此知心。人與人知心，可以開拓個人的生命與胸襟。而當前這個時代，正需要一種「擴大的友道」。講友道，除了友天下之善士，還要「尚友千古，下友百世」。這必須以道通之。如我與牟先生，從時間上說，分別已經七年；從空間上說，海天茫茫，地隔千里。而我們在心靈上卻是最近的。因為有道以通之，時空的阻隔便可以化除。人有時很孤獨，需要同情的了解與安慰。但別人總不能分擔他的孤獨。我們通過師友之道，則仍然可以幫助他，而使他覺得並不孤單。牟先生友會講習的這番精神，也猶此意。上面說到現代人是用一外在的力量將人合起來。就民主制度言，本是要建立和成就各種社會組織，但任何組織還是靠一個抽象的公共的目標來聯合許多

人，而不是這個人與另一個人真有精神上的互相內在。所以一個人儘管有許多同學同事，事業上也有合作者，但他仍可有孤獨之感。如我們同時呼口號，聲音是一個，但發出此聲音的，仍然是一個一個的各個人。即如諸位來此聽我講話，也仍是靠一抽象的目標，我們初次相見，仍未必已到互相內在的境地。再如社會繁榮，在繁榮中仍然是寂寞。人住在最熱鬧的市街，但來往往的人始終是陌生的，結果仍然是無邊的寂寞。在這裡只有師友之道可以安頓人生。人也常說宗教可安頓人生，但人求上帝求佛時，事實上正是他最無人了解的時候。此中有無限的悲涼。一個人面對上帝是悲涼，有二個人以上同信上帝，他便算有了同道，而可以不悲涼。而二人以上，便正構成「倫理」的關係，所以師友最重要。這最能顯發倫理之精神意義的師友之道，是直接安頓人生之處，是德性表現的地方。

各類社會組織是一「方德」，是由許多線縱橫交織而成。但它不能使人之精神有一周流融通之處。在此，只有靠師友之道。要成就事業，當然要組織，這就是建國的問題。近幾年也常感中國建國問題的重要，而牟先生則在十多年前便正視了此一問題。人學，對自己是成就人格；進而求知人，是要使倫理關係各盡其分；再向外通出去，便是建國。建國的事業需要科學知識，但建國的精神則不在科學裡面。對中國而言，建設國家的專門知識和技術甚為重要，但首先必須提撕建國的精神。中國未來的政治一定走民主之路，此無問題；在這裡不好退卻，有許多觀念也不好違背。就這一面講儒家的學問，也可有不同的理路。不過在政治理想上，古代的觀念是顯得不夠。董仲舒嘗有「仁君正己心，正人心，正朝廷，正百官，正萬民」之說，此便是從一個中心出發，而期其「光被四表」，但這畢竟不夠。其根本的問題，是在政治領導人

物之擔負太重。此意牟先生常說到，但現在無人了解此意。所謂擔負太重，即人民之精神為君主所涵蓋，而人民之精神不能涵蓋君主。此中實有一大委屈。結果君主之仁愛，也成了天羅地網。而民主政治，則在此前進了一步。它不獨是「仁」的關係，而且是「義」的關係。民主政治的根源實在於此。可惜現在的從政者仍然是往昔聖君賢相的意識，而又欠缺古人那種道德意識的基礎。結果便成了官僚集團。另外一些人則未認清民主的本性與自由之真諦，而成為飄游的個人自由主義。這兩種意識，皆所以阻礙中國民主建國之成功者。自從共產黨佔據大陸以後，人們對於此一問題當能見得明白，而可看出中國社會毛病之所在。但我與牟先生講學問，總從大處根本處著眼，而不取時人針對一點一點的弊病而批評之、反對之的態度。因為那樣容易使精神散漫，不能凝聚。諸位於此不可不慎。中西文化在互相衝擊中自然產生了許多弊病。

民國以來，青年人喜好革命，看見黑暗腐敗就要去反對去打倒。革命當然有其時代上的價值，但今天中國的青年則應該回轉來反求諸己，不好一往的向外批評、反對、打倒。記得胡適之先生在北平三貝子公園的列士紀念碑上，曾有二句這樣的讚詞：「他們的武器，炸彈！炸彈！他們的精神，幹！幹！幹！」然而，我們的生命不要只成為炸彈。炸彈是毀滅了他人，也毀滅了自己。我們至少要做一個照明彈，以毀滅自己來照耀天空，光明大地。而最好則必須是燈塔。而燈塔自己且又是燈塔照明了黑暗的大海，使航行的輪船分辨出方向，避開礁石而得到安全。既能照耀人間，指導人生，而且使自己也成為一個永恒的光明之存在。總之一句話，培植自己比向外尋找缺點來加以反對批評，實在重要得多。

牟先生講話

剛才唐先生已將我們人文友會的精神，與我們講學之方向，重複地講了一遍。為使大家更能把握唐先生所講的要義，及其發展的幾個關節，我再簡要的重述一下。唐先生首先從學問之性質講起，說明學校裡的學問是以科學知識為主，乃由西方 science 一觀念引下來。進一步指出科學與知識以外另有一套學問，此即成聖成賢之學問，也就是德性之學。由此德性之學往外通，就是正視倫理關係，是即君臣、父子、夫婦、兄弟、朋友之五倫。在此再點出人只有在倫理中，乃能精神上互相內在，周流融通。所以「知人」甚為重要。知人才能講師友之道，才能擴大友道精神，由此再通出去而說建國的問題。指出建國總不能從組織一面去想，而須把握住正視近代化之內容，不能只是外在地去看它。近代化不是一時間觀念，它有價值之內容。我們要安排自己。在此，人當該用點心。要把精神收回來，不要兩眼只朝外看。先要建立自己，要自己通體透明，全體放光才行。現代人最喜歡講作用。你講學問，他必問你有什麼實際效用，此最無理。實則要講作用，必先求自己站得住。一個人真能在學問上站住了，便是人世間無限的大作用。他就是一個積極的存在，就可以直上直下立於天地之間。我們不要總從作用處想，自己還不能站起來，如何能講作用？人常說要做中流砥柱，若站不住，如何成其為中流砥柱？唐先生教大家要做燈塔，燈塔也不因為講作用而去這裡照照，那裡照照。它只是矗立大海之中，永恒自明。而其光芒亦就自然能照耀海面，指導輪船之航行。唐先生今日所講，極懇切，極中

肯，希望諸位會友切實用心。

唐先生講話

我自己講話總很散漫，承牟先生用簡要精當之語，才使剛才所講的線索顯出來。在我講時卻不自覺，人若多一個自覺，即多一分意義，這很重要。在此，我應該謝謝牟先生。下學期起，牟先生將離此赴東海大學教書，也就是說要與諸位同學離得更遠些。但我們曾說過，人的精神要超越時空，即使隔得遠，仍然如在眼前。另外，希望諸位安心讀書從學，在此亂世，台灣是比較最寧靜的地方。在香港則不行。那裡風吹過來又吹過去，草木不能生長，實在不好做學問。諸位在台灣有一個安定的環境，就該多用點心，精神上要多凝聚。這也是牟先生所說，要求自己站得住的意思。

卅五、師友之義與友道精神

(一)

各位會友，今天是我們人文友會第五十一次聚會，以後我們在台北的聚會將暫時停止。照我們友會聚會之精神說，本不一定要有定期聚會之形式，所以暫停一下，也不要緊。多通信或個別見面晤談也是一樣。我們人可以散處各地，而精神則始終是一，友道的擴大可超越時空之限制，而天邊也可如同眼前。今天我們先將懷悌海「主體事與客體事」講完，作一結束。然後大家可就此機會互相談談。

(二)

先生曰：我們人文友會二年來之所講，不全是知識學問，主要是精神之提撕，生活之志趣，以求表現一個理想，一個願望。但人要真能對自己、對家國天下、對歷史文化擔負一份責任，則總必先從學問上建立自己。學問思辨乃所以表現一個人的觀念之方向。人生的踐履本可從兩面說，一般所說大體皆指風習上的踐履。(究極地說，此非真踐履)。而內容的強度的踐履，則是要人表現風力，顯顏色，有豪傑氣。人要表現風力，必靠原始的生命力(如英雄人物)。否則，則須靠學問，以表現觀念之方向，而開創時代倡導風氣。在此則既是思辨的，又是踐履的。將思辨與踐履皆藏於開創觀念方向之凸顯，此其本身即是大踐履。此踐履是強度化

· 183 ·

的深度化的，即如佛家任一開山祖師或造經造論以另開宗派，亦皆須凸顯一觀念之方向，而其人也皆有大風力。二年來諸位參加友會之志趣自甚可貴，但在凸顯觀念上，建立自己上，則不夠。故未能剛拔自立，真站起來。我們人文友會之精神，是能和生命、學問、事業相配合的。在此大家正應磨練思辨，敦篤品行，這個時代的風氣實在將人壓得太平凡了。人當該要表現風力氣象，對學問來一次大革命，以表現一新的觀念之方向。我們友會之不間斷的精神雖屬可貴，唐先生也對我們甚為稱讚。但此仍只能是消極的意義，不能生大作用。我們當該要找出心處，要有所奮發。要頂著時代，不可逃避。要不厭不倦，奮發不已，須知此生命之不容已，即是一大踐履。孔子開二千五百年文運，即靠其生命力，靠其觀念之方向，人當該要有此番氣概。人總要有志趣，有觀念，以表現生命的風力。

(三)

先生曰：剛才韋政通同學所說甚好，人能針對自己之病痛而在生命內部起奮爭，即可保持生命之緊張而不墮塌。至於成敗倒無關係。蓋此奮爭即是一番情之興奮，情之熱烈，表示一向上之精神。但此亦非容易。而是處處顯出人生之艱難。繼此奮發向上之精神，而求成為一人格之容受體，則更是一無限之踐履過程。

至於崇敬聖賢與崇敬當代人，此對自己說，皆是一好的存心。而能使自己精神上提，人格上升者。崇敬古先聖賢，即是念茲在茲，以聖賢人格為楷模而完成人格之同一。而崇敬當代人，即是我對他人之一心思，一存心。人能多有幾分虔誠之意敬畏之感，總是好的。敬聖賢是

·184·

提升自己，尊崇人或人之互相尊崇，也是當有之存心。但對自己說，則不可不知艱難。人崇敬我，固然是對我之安慰和鼓勵，但同時也是對我之限制。在此限制處則見人生之艱難。而師友夾持即從此說。以前熊先生有兩句話：「人不志於聖賢，能免於禽獸乎？人以聖賢自居，能免於禽獸乎？」此語最見人生嚴肅與人生艱難之意。人不志於聖賢，固見人之墮落喪志，無異於禽獸；然人即以聖賢自居，是又表現一自我之限隔與自我之圈住或封閉。人不能奮進不已，健行不息，也終必淪為禽獸。人處於社會實是大鬥爭，人要在社會上出人頭地，成為一個真實的積極的存在，殊不容易。此人之所以要戒慎恐懼，警策惕勵。雖然天道於冥冥中有公平存焉，但此天道之公平要降臨於我自身，即不容易。此人之所以生於憂患，之所以必須反求諸己，反身而誠。人自身之奮鬥與學問之成就，皆如英雄比武，不及就是不及，無便宜可討，無方便可求。

說到我自己，實是病痛甚多，生命有駁雜。我的生活有許多不足為訓。但就我們所處之時代，和我們擔負之使命言，人過於規行矩步，注重細節，亦見生命之拘束而推拓不開。現今之所需，是要有風力，要有凸顯之氣象，要表現觀念之方向。否則不足以言擔負。我與諸位相處，是相勉以道，而以超越吾人而上之的一「生命之途徑」以為模型。而人之尊崇師長，即是使「道與人合一」。學生尊崇老師，老師愛護學生，希望學生。說實了即是一人格之互相尊重。在不失其崇敬而互相愛護，不失其愛護而互相尊敬。此中有許多深微之道理可說。中國以前所謂「春秋責賢者備」是好的。「責而備」是寄予更大之希望，期以更重之責任，而最後仍是對其人格與以一更高之尊崇。但「許以為直」則是不好的。有失恕道精神。師友相處是相

互之承認，相互之鼓勵。一方是提攜，一方是增上。在此師友夾持中有無限之寬容，有無限之慰藉。人優游涵泳於其中，即能得一精神人物之提升。若一落於「許以為直」之層次上，師友一倫即不能維持。（古賢以父子不責善，亦同此理。）此義在佛家亦甚看重。小和尚看其師父只是佛，沒有凡夫，如我師是凡夫，我亦是凡夫。此實不易之理。熊先生平常脾氣大，常教訓人、其生命亦不盡順適條暢，人常據以作批評。我從熊先生最久，我只是以他為老師而尊崇之，以他為一高貴之人格而敬仰之，常人之閒言苛語，與其生活之細微末節，根本不在我的意識中。人不到生命之最後，總不能期其如玉之圓潤潔淨。故崇敬師長，當該以一崇高之人格而尊崇之，而視之同聖賢。人必有此寬宏之心量，有此虔誠之存心，始足與語聖賢學問。

己心安理得之言。而他人是否承認，則亦難說。故崇敬師長，當該以一崇高之人格而尊崇之，而視之同聖賢。人必有此寬宏之心量，有此虔誠之存心，始足與語聖賢學問。

我在友會兩年來之所講，皆旨在提撕精神，凝聚心志，透露生命主體以撥雲霧而見青天。故語語皆從天而降，自肺肝流出。諸位於此宜能剛拔自立，軒昂奮發。而人文友會成立之初衷，乃在成人文教。此是永恆悠久事業，要待人心大回向，形成新運會，則亦是理所必然勢所必至之事。現在只是要順兩年來所開出之理路，各就所長，踏實用功。先求在學問上能站得住，分工合作，一慮而百致，殊途而同歸。則新時代新學風之開創，與第三期儒學之復興，庶乎可期。這是我對諸位的期望，也是時代所賦予我們的使命。

牟宗三先生著作目錄

國家圖書館出版品預行編目資料

人文講習錄

牟宗三主講；蔡仁厚輯錄. – 初版. – 臺北市：臺灣學生，
1996
面；公分

ISBN 978-957-15-0725-5(平裝)

1. 哲學 – 中國 – 論文，講詞等

120.7   85000960

人文講習錄

主　講　者　牟宗三
輯　錄　者　蔡仁厚
出　版　者　臺灣學生書局有限公司
發　行　人　楊雲龍
發　行　所　臺灣學生書局有限公司
地　　　址　臺北市和平東路一段 75 巷 11 號
劃 撥 帳 號　00024668
電　　　話　(02)23928185
傳　　　真　(02)23928105
E - m a i l　student.book@msa.hinet.net
網　　　址　www.studentbook.com.tw
登記證字號　行政院新聞局局版北市業字第玖捌壹號
定　　　價　新臺幣二五〇元

一 九 九 六 年 二 月 初版
二 〇 二 三 年 六 月 初版四刷